五南出版

孟子故事

作者 張德文

「春秋無義戰」，戰國亦然；
諸侯割據，爭霸之戰不斷。
「百家」爭鳴之下，
孟子繼承孔子思想，
創「心」、「性」之說，
使儒學體系化，
並將其智慧集結成書，
流傳亙古。

他高舉先聖的火炬，照亮戰雲密佈的天空。他反對非正義戰爭，強烈呼籲保障民眾的生命安全，保證民眾的生存權利，尊重民眾的意願與選擇；他呼籲珍惜人之為人的價值與尊嚴，善化自性與民風——為了順應天意，為了構建他心目中理想的社會秩序。

他，就是孟子。

今天，我們去理解孟子的思想，不妨歸結為八個字：和平、安樂、善良、尊嚴。

目　錄

上編　夢圓何方

01　**到齊國去**　002

02　**宋國也許是圓夢之地**　012

03　**不如歸去**
回到故鄉——鄒國　019

04　**「文」、「武」之道哪裏去了？**
魯國之行　028

05　**暗淡的政治新星**
滕國記憶之一　038

06　**「不是正道？誰走的不是正道？」**
滕國記憶之二　052

07　**不是同路人**
來到魏國　059

08　**舊地重遊，又一次期待和無奈**
再來齊國　069

下編　守望明天

09　**再回故國**　092

10　**遠離「鄉原」**
孟子與萬章的談話之一　097

11　**誰把舜推上了權力頂峰？**
孟子與萬章的談話之二　102

12　**從平常心開始**
──「心」、「氣」、「言」、「聖」。
孟子與公孫丑的談話　107

13　**不做冷漠的路人**
孟子與公都子的談話之一　116

14　**陽光依舊燦爛**
孟子與公都子的談話之二　124

15　**昂起你高貴的頭**
珍惜你人之為人的價值與尊嚴　128

16　**思考，走近作品**
孟子與公孫丑等眾學生的談話　139

17　**親情，愛的根基**
孟子批評墨者夷之的談話　147

18　**誰是真正的大丈夫？**
──孟子駁縱橫之士景春的談話。　152
一堂精彩的人生哲理課

19　**孟子最後的聲音**　162

附　錄

01　孟子主要活動及其生活年代之
大國爭戰主要事件表　166

02　戰國形勢圖　169

03　孟子遊說路線示意圖　170

04　《論語》《孟子》名言選錄　171

後　記

上編

夢圓何方

01 到齊國去

馬車在北去的大道上奔馳。

馬車裏、萬章、公都子等學生圍孟子而坐。孟子心中交織著對家鄉的眷戀和對未來的嚮往。

家鄉——鳧村的輪廓越來越模糊。村後那兩邊高中間低蔥蘢青翠的馬鞍山，村前那大得看不清對岸樹木、四季蓄滿碧水的池塘，都留下了孟子九歲以前的嬉戲和瘋狂。山林裏野兔的奔竄、池邊村姑清亮的歌聲，尤其是母親油燈下做女紅時傴僂的身影和織機旁的諄諄教誨，在孟子幼小的心靈裏播下了純樸和愛的種子。這些美好的記憶，歲月永遠無法沖洗掉。

而今，孟子要離開生他養他的地方，領著學生們到齊國去，去尋找圓夢的地方。

孟子九歲入學館，長大後又去魯國——西周文化保存得最完好的地方學習，領悟了孔子的思想，回鄒國收徒講學。如今，他已近不惑之年，決心追隨先聖孔子的道路走出去，宣傳德治仁政的思想，尋找施政的機會。身邊這些學生是他從多少年來教過的學生中挑選出來的。聽說齊國的國君因齊（後謚威，史稱齊威王）愛惜人才，治國有方，很好，就到齊國去！

齊威王真有那麼好？

趁著孟子師徒乘車趕路的時間，我們不妨向讀者簡單地介紹一下齊威王。

齊威王是齊侯太公田和的孫子。他繼父親桓公午之位後，把政事托付給大臣，自己專注於研究治國之道。誰知魯、韓、趙、衛等國先後出兵騷擾，國內民心不穩。九年，是不短的時間，該出手了！

一天，他宣召即墨大夫進宮。

即墨大夫不知道威王為什麼突然召見他，心中不免忐忑。但一轉念：自己歷來勤政親民，遵制循規，沒有什麼小辮子可抓，見就見吧！他挺直腰板，走進大殿，行過禮後，一言不發，靜候發落。

威王見即墨大夫這般模樣，知道他緊張，連忙發話：

「愛卿不必緊張！自從你赴即墨上任以來，詆毀你的消息不絕於耳，說你工作一團糟，民生艱困，社會紊亂。寡人派人查訪的結果卻大不一樣。即墨現在莊稼豐茂，糧食增產；官員恪盡職守，勤奮廉潔，官民和諧，社會安定——那是你施政有方啊！寡人想你是沒向寡人身邊的人進獻財物吧。寡人喜歡你！寡人要封你以萬戶，重賞！重賞！」

即墨大夫一顆懸著的心頓時放了下來，千恩萬謝之後，先行退下。

　　第二個被召見的是阿邑大夫。阿邑大夫上任以來，搜刮民脂民膏，中飽私囊，還進獻財物到宮中，編造自己的「保護傘」威王身邊的人一個個都得到了好處。這回他被召，心想：定是國君讚賞我的治績，將嘉獎於我吧！他進得宮來，志得意滿形之於色。

　　「啟稟君上，臣下蒙召，靜侯君上旨意。」阿邑大夫匍匐在地，又微微抬頭偷覰威王及大臣們的表情。

　　威王見阿邑大夫狡詐有餘，卻貌似謙恭，十分氣憤，禁不住大聲喝斥：

　　「你還有臉來見寡人！自你上任以來，寡人聽到的是好話連篇。可寡人派人去察看，你那裏是田土荒蕪，糧庫空虛，野菜刨光，餓殍遍地。而你和你的官員居然安坐府衙，終日宴樂。趙、魏兩國進攻你的鄰邑，你充耳不聞，不思援救。你的功夫全下在寡人身邊的人身上了！寡人有你這樣的下屬，社稷怎不傾危！」

　　威王越說越氣憤，大喝一聲：

　　「拿下！烹了！」

　　大殿上架起了大鍋，鍋內熱水沸滾，鍋下火焰升騰。

　　阿邑大夫被烹煮了。接連被烹的還有幾個平日在威王左右吹歪風的近臣。

　　朝廷內外震動了！

　　大臣們一個傳一個：

　　「大王可了不得！」

「可不敢亂來了！」

「君上太有魄力了！賞罰分明啊！」

民眾奔走相告：

「看狗官們還敢不敢胡作非為！」

「咱們今後有好日子過了！」

消息傳到國外，各國諸侯對齊威王也刮目相看，不敢輕舉妄動達二十餘年之久。

令諸侯們暗自不安的，還有威王的愛才。

西元前356年（齊威王二十三年），威王與魏惠王在齊邊境會獵。當時諸侯們以會獵方式進行外交活動是很平常的事。這次會獵，純屬例行互訪，沒有大的事情，卻也傳出一段趣聞。

一陣圍捕追殺之後，威王與惠王下馬休息。侍衛獻上隨身帶來的佳釀。對飲之餘，談興方濃。

魏惠王突然問道：

「貴國東瀕大海，境內名山大川聞名遐邇，宮內珍珠寶貝藏了不少吧！」

齊威王一楞，心想：怎麼提這樣的問題呢！我有寶貝也不必告訴你吧。於是從牙縫裏迸出兩個字：

「沒有！」

「太謙虛了吧，」魏惠王得意地說：「敝國雖小，車輦上直徑寸許可照亮前後各十二輛戰車的珍珠都有十枚之多。貴國乃萬乘之國，豈能沒有大量寶物！謙虛！謙虛！」

齊威王明白了。好小子！你哪是問寶物，分明是在炫耀你的實力嘛！好，讓我來告訴你：

「敝國的寶物與貴國不同。敝國有大夫檀子守住南城，楚國人不敢來侵犯，邾、呂、宋、魯等國都到敝國來拜會；寡人有大員盼子把守高唐，趙國人不敢東進過黃河；寡人有戰將扼守徐州，威名遠播，燕、趙兩國人都害怕敝國去征討；寡人的大臣種首治理內政，法紀嚴明，盜賊不興，道不拾遺；他們都是敝國的至寶，他們的威風足以令千里之外黯然失色，震懾所及絕對不是什麼十二輛戰車的距離。有了他們，敝國內外安穩，國運興盛，寡人很滿足！」

魏惠王覺得自己討了個沒趣，心裏很不是滋味，勉強擠出一絲笑容說：

「高明！高明！」

一場實力較量的對話傳了出去。人們也從中察覺出齊威王對人才的重視。

孟子正是衝著威王重視人才這一點到齊國來的。

車進臨淄（今山東淄博），好一派繁華景象

大街上，馬車一輛接一輛，甚而相互碰撞。行人擁擠，挨肩擦背，連袖可當帳幕，接襟幾成帷幔。烈日高照時，人們揮汗似雨。處處吹竽鼓瑟，擊筑彈琴，樂聲不絕於耳。鬥雞賭狗，下棋賽球，旁觀者圍成圈，一圈又一圈；後面的人看不見，紛紛踮起

腳尖，像是被人捉住脖子往上提似的。

若非施政有方，哪換得來如此太平景象！

孟子頓覺，這算來對地方了！

接下來孟子多次面見威王，闡說「仁政」理念，但威王的反應並不熱情。

在長達六、七年的時間裏，孟子逐漸改變了初來時的心情，因為──

發生了一件又一件不愉快的事情

第一件事是關於時任卿相的儲子。

儲子總理齊國大政，內政外交無不總攬。孟子進齊國國境後，曾在離都邑臨淄六百里左右的平陸（在齊邊境，今山東汶水以北）稍做停留。儲子知道後，曾派人趕往平陸送上禮物表示歡迎。儲子既然禮賢下士，對孟子這樣一位當時已頗有名氣的學者，為什麼不親自來平陸迎接？以齊威王宮內常備的輕車駿馬論，六百里一天來回並不是難事。卿相代國君巡視民情，六百里圈內乃是常去的地方。秦相范睢不就是這樣做的嗎？再說孟子來臨淄這麼多年，儲子從來沒有到過孟子的住處看望，更不用說專程請教了。卿相的行為折射出國君的影子──齊威王真那樣求賢若渴嗎？

第二件事是孟子後來又去過平陸，見到了乞丐。他與老百姓交談，才知道那裏的人日子過得並不富裕。災荒年成，糧食歉

收，稅賦不減。老弱病殘禁不起折騰，橫屍溝壑；年輕人為活命，不得不四處外逃達數千人之多。慘得很哪！孟子心中十分難受。都邑那樣繁華，邊境卻完全相反。強烈的對比反映出地方官員的漠視民生。他實在忍不下去，決定去找負責的官員。

誰知剛到邑衙門前，就被守門的差役攔住了：

「這是衙門，不許進！」

孟子見不得這種狐假虎威的樣子，但為了見到邑宰（相當於今縣長），他還是說明了自己的身份和來意。差役卻不賣賬，還是攔住不讓進。孟子據理力爭，兩人吵起來。聲音越來越大，驚動了邑宰孔距心。孔距心在臨淄曾見過孟子，現在見手下如此對待國君身邊的大學者，連忙斥退差役，一面道歉，一面請孟子進府。

孟子也不客氣，剛一坐下，劈頭就說：

「如果你屬下的士兵一天內多次擅離職守，你怎麼處理？會開除他嗎？」

「不必多次，一次就開除！他太不負責了！」

「你自己不負責該怎麼辦？」

孔距心一愣——怎麼說到我了？

他默不做聲，看你姓孟的說些什麼。

孟子並不理會對方的表情，只顧說下去：

「替國君管理一個邑，應該保證老百姓安居樂業。可你倒好，平時罔顧民生，災年尤甚。糧食歉收，你依然照章徵收稅

賦，老弱病殘橫屍溝壑，年輕人四處外逃達數千之多。你這是嚴重失職，豈止是不負責任！」

「年成不好，是上天的安排，我無力回天呀！」孔距心為自己辯解，理由蒼白已極。

孟子見對方理屈詞窮，決心繼續說下去：

「你不必把責任推給上天。假設一個人接受別人的牛羊群代為牧放，他首先要做的事是什麼？是不是先找到牧場和草料？如果找不到，他是把牛羊退還原主呢，還是眼巴巴地看著牛羊一個個死去呢？」

孔距心無法回答。他知道自己的不作為釀成了嚴重後果，這個責任是推不掉的了。他支支吾吾地說：

「這……這……我，我有罪過。」

既然對方認識到了錯誤，就該給他一個改正的機會——且看他將來做些什麼。

孟子離開平陸，去到了別的地方。那些地方的治理情況跟平陸不相上下。遺憾的是，那些地方的邑宰們，連「有罪」兩個字都不肯吐。這是錯上加錯呀！

孟子實在看不下去，便回臨淄向威王如實報告了所見的一切。他加重語氣說：

「大王的地方官員，我見到了這麼多，遺憾的是，能像孔距心這樣認識到自己的錯誤也想改正的，只有他一個人！」

齊威王知道自己這些年對地方上的事很少過問，下屬們恣意

妄為他毫不知情，已經造成了惡果，但是那又該怎麼辦呢？

威王支支吾吾地說：

「這……這……，寡人，寡人也有錯……」

就這樣一句話就能結束一切？孟子心想：你呀，你，你當年處理阿邑大夫的銳氣哪裏去了！

接下來要說的事情更不愉快了。

西元前327年左右，蘇秦、張儀相繼來到齊國。蘇秦說服威王聯合韓、趙、魏、楚、燕以拒秦，張儀則勸說威王為抗衡韓、趙等五國務須事秦。拒秦必須合縱，事秦則將隨秦行連衡之策。合縱、連衡是兩條完全相反的路線，然而威王居然都允諾實行。

齊威王打的是什麼主意，孟子終於看清楚了。威王關心的並不是民生，而是自己的權位。威王武力擴張的野心膨脹了，膨脹得越來越大。合縱是代趙而總帥五國，連橫是借秦國的實力凌駕五國之上──總之是稱霸當霸主。

齊威王還可能想到實行仁政嗎？

孟子的政治理念齊威王還聽得進去嗎？

在齊國不可能圓自己的夢，孟子在齊國待不下去了。

前途茫茫，孟子要帶領他的團隊去哪裏尋找圓夢的地方？

說明

　　本文根據《孟子》之〈告子下〉、〈公孫丑下〉以及《史記》之〈田敬仲完世家〉、〈蘇秦列傳〉、〈張儀列傳〉，《戰國策》之〈齊策一〉，《孟子家世》（濟寧市政協文史資料委員會及鄒縣文史資料委員會編，中國文史出版社，1991）之王軒〈孟子身世〉、齊崇富之〈孟母〉相關內容編寫。

02 宋國也許是圓夢之地

孟子決定到宋國去。

作出這樣的決定，是因為弟子萬章報告的一個消息。

萬章聽到一個傳聞

孟子獨自在室內徘徊，盤算著離開齊國去哪裏。

萬章氣喘噓噓地進來了，似乎有急事。

「怎麼這樣急？別慌！別慌！」孟子擔心出了什麼大事，示意萬章鎮定。

「不好了！聽說齊國要出兵了！」

「出兵？聽誰說的？可靠嗎？齊國攻打誰？」

「市面上大家都傳開了。軍隊也在調動。說是攻打宋國。楚國也要出兵呢！」

看來事情是真的了。齊楚聯合攻宋？為什麼呢？孟子覺得蹊蹺，非問明白不可。

「理由呢？」

「需要什麼理由！宋國換了新國君，打算實行惠民政策，安民富民。齊、楚兩國怕宋國強大起來，也討厭宋國新君的新做法——這就是理由！」萬章憤憤不平地一口氣說了許多，又十分

焦慮地問道：「先生，宋國那麼小，抵擋得住嗎？宋國該怎麼辦？」

萬章不是宋國人，但他富有正義感，很關心宋國的命運。

原來如此！

孟子明白了。齊威王居然走這樣一步棋，事實證明了孟子對這個野心膨脹的國君的觀察和判斷。此地一刻也不能留。走！到宋國去！一則幫宋國於危難之中，助宋國新君脫險；二則讚賞宋君的決心，也許這個新人能提供圓夢的機會。

其實，二百多年前，宋國實力也不可小覷。西元前651年，宋襄王也曾扮演過爭霸的角色，與齊、楚等國較量過一番。怎奈宋國夾在齊、楚、韓、魏諸強之間，加之國土面積不大，地勢平坦，無險可守，如意算盤終於落得個竹藍打水的下場。今天的宋國實力已今非昔比，只要被齊、楚聯軍一夾擊，就不堪設想。

孟子理解萬章的心情。他十分了解自己的學生。根據一貫的認識和信念，孟子告訴萬章，只要行仁政，得民心，齊、楚雖強也不可怕。他以史為證，舉商湯王、周文王的例子。這兩個君王都尊重民意，順從民心，關注民生，深得民眾擁戴。他們為民除害之師所到之處，民眾歡欣鼓舞，如大旱時的禾苗遇上了喜雨，簞食壺漿表達感恩的心情。夏桀、商紂肆虐禍害百姓，其勢洶洶，終於被打倒。

「宋國沒什麼可怕的。擔心什麼！咱們這就去宋國！」

孟子說完，便帶領弟子們南下。

到商丘不久，孟子覺得似乎不大對勁

宋國上下確實在議論新政，但朝內有頭腦有能力的官員不多，尤其是對改革施政的態度好像並不統一。

官員戴不勝來拜見孟子，請教新政問題。言談間透露出戴不勝對國君決策信心不足。

「先生，敝國君王尚未正式頒布新政的命令，他似乎還在猶豫。請問我怎樣才能助他一臂之力呢？」

「問題提得很好！」孟子說：「據我所知，實施怎樣的政策，決策者的確起關鍵作用。但要除弊興利，改革施政，那必得有眾多優秀的官員構建良好的氛圍，促使決策者下決心才成。」

「我們有優秀的官員呀！薛居州就很不錯。先生可能聽說過他的名字。他可是德才兼備的呀。」

孟子微笑了一下，想了想說：

「我打一個比方。楚國的官員要讓他的兒子學習齊國語言。請問這位官員該為他的兒子請一個怎樣的教師呢？齊國人，還是楚國人？」

「當然是齊國人！」對方立即回答。

「不錯，必須是齊國人。如果老師教學生說齊國話，周圍的人時時刻刻跟這孩子說楚國話，即便每天用鞭子抽著他說齊國話，他說得出來嗎？相反，如果把孩子送到齊國去，在臨淄住上

幾年，還請齊國的老師教他，再打他罵他叫他非說家鄉話不可，只怕他也說不出來了。」

孟子注意到戴不勝的表情似乎有所領悟，便接著往下說：

「環境、氛圍是很重要的。您說薛居州是好人，讓他住進王宮，每天守在國君身邊，能不能造成良好的氛圍呢？那可不一定。如果國君身邊的人，無論男女老少，個個都是像薛居州一樣的人，國君早就下定決心，替民眾辦好事了。相反，如果國君身邊只有一個薛居州，其他人無論男女老少，整天都想著歪門邪道不做正經事，國君能好得了嗎？只有一個好官是無法構建好環境、好氣氛的！」

不久，又有一位官員來拜見孟子。此人名叫戴盈之。他也要向孟子請教新政問題，而且開口就談稅收：

「先生來敝國，一定聽說敝國將改革施政。敝人以為朝廷眼下擬想中的做法過於急速。如稅收，立即實行十抽一制，還免收關卡和商品的賦稅，行得通嗎？敝人是擁護改革的。敝意以為，如果認定賦稅太重，就先減輕一點，等待時機完全成熟，再實行新稅制，豈不更好！」

孟子笑了笑，心想，你哪是「擁護改革」，什麼「減輕」，什麼「緩行」，全都是托詞；你就是反對改革。好吧！讓我來點破你。

孟子說：「我給閣下講一個故事吧！有一個人好吃懶做，而且偷竊成性。鄰居家養了一群雞，隻隻肥碩無比。一天，這人趁

鄰居外出,偷了一隻燉著吃,香噴噴,味道很美。他吃上癮了,天天去偷。有人發現了,警告他說:『這事太不道德,小心把你抓起來,打斷你的腿!』小偷見事情敗露,哀求道:『大叔,我錯了!我改!明天我就不偷了。以後我每月只偷一次。過年後,我一定金盆洗手,完全不偷。』請問,您怎樣評價小偷的回答。」

戴盈之也不是笨蛋,他明白故事的含意,臉紅了,低頭沉默不語。

孟子接下去說:「既然知道自己所做的並非君子之道,就馬上改嘛,為什麼等到來年呢!」

繼續談下去已經沒有必要,戴盈之告辭離去。

孟子望著客人遠去的背影,感慨地說:

「宋國的事難辦哪!國君決心還沒有下辦法也沒有成熟,官員們就議論紛紛,反對者還佔了上風。我看齊、楚兩國也不必擔心。咱們算是白來一趟了!」

看來宋國也不是可以圓夢的地方。

其實宋國行新政一事,古籍說法不一

據《史記》和《戰國策》記載,宋國新君並非仁君。

西元前328年,宋國國君剔成遭到弟弟偃的攻擊,逃往齊國。偃自立為君。十一後,君偃又自立為王(後諡康史稱宋康王)。

宋君偃在位四十七年,壞事幹盡。

據說有一天侍臣報告，城牆角一隻小鳥居然孵出了類似鷹一樣的猛禽。這是從來沒聽說過的怪事。君偃叫太史占卜。太史說：「小鳥生大鳥，一定能成大事。」君偃樂壞了：「這不是上天指明要我成就霸業，實現二百多年前先祖的夢想嗎？」說做就做他立即進攻滕國，奪取薛邑，又占領了淮北之地。

勝利衝昏了頭腦。當下君偃命令侍臣把盛滿鮮血的獸皮袋高掛樹頂，拉弓射箭，皮袋破裂，鮮血四濺。他得意地大笑，說：「我射天了！我射天了！」他又命令侍臣拿來皮鞭。他挽起袖子，用皮鞭猛抽地面，一邊高叫：「我鞭地了！我鞭地了！」接著又拔劍砍斷穀神、土神的牌位，然後召集群臣，向大家宣告：「我是頂天立地的英雄，我可以降天伏地，征服一切鬼神，誰也不許違背我的旨意！」

君偃幹的壞事還不只這一點。

他見有人清早過河，說道：「大清早不在家好好睡覺，過河做什麼？去！把他的腿砍斷！」

一個駝背的人從宮前經過，被他看見了，他皺著眉頭說：「世上哪有這樣醜的人！去！把他背上的駝子砍掉！」

眾大臣實在看不下去，冒死進行勸諫，被他用箭一個個射死。

老百姓怕他，紛紛逃出都城。

諸侯們罵他為「桀宋」，是夏桀式的暴君。

西元前286年，他在位的第四十七個年頭，齊國聯合魏、楚，攻進都城，城門居然洞開，沒有人把守，更沒有人抵抗。康

王偃當即被處死。

　　如果以上記載都是事實，宋君偃（宋康王）如此兇殘乖戾，他怎麼可能在登位之初萌生行新政的念頭呢！

　　史家對宋君偃本人及其表現作過各種解釋，至今仍無定論。

　　《孟子》中記載萬章聽到的傳聞是否屬實，我們也無法判斷。但孟子師徒宋國之行並未達到原定目的卻是實在的。

　　本文據《孟子》之〈滕文公下〉以及《史記》之〈宋微子世家〉，《戰國策》之〈宋衛策〉中相關內容編寫。

不如歸去

03　回到故鄉——鄒國

孟子有些疲倦了。宋國短暫的經歷令他失望，他打算返回家鄉休整一段時間。

馬車向通往鄒國的方向駛去。

臨近鄒國，車倌將孟子師徒送到泗水邊，便返程了，剩下的路由孟子等自己走。

不知什麼時候，河水漲了。岸邊的草地被淹了不少。水面不時漂過來木棍等雜物。本來，枯水季節，這裏河床都顯露出來，行人可以踩著河床裏的濕泥到達對岸。現在，河水洶湧澎湃，向東流去，很是壯觀。孟子師徒一行如何過河只得另想辦法了。

萬章遠去尋找渡船，其它人耐心等待，小聲交談。

弟子徐辟隨孟子向前眺望。一會兒突然發問：

「先生，孔子曾經說過『逝者如斯夫，不捨晝夜』，他還多次因水而感慨，這是為什麼？」

孟子想了想，回答道：

「水呀，這東西太奇妙。它浩浩蕩蕩，流入大海，永不斷流——它有源頭呀！如果是無源之水，就像眼前這條河，大雨來了，它也會猛漲，溢出河岸，甚至危及田裏的莊稼、近處的房

舍。枯水季節，它立即乾涸，可見河底。水要有源頭，人要有實際的能力跟作為；否則名氣再大，也只是曇花一現，做得個流星。君子以此為恥！孔子讚水，說的也是做人哪！」

的確，孔子多次讚水，以水比德。但單就「逝者如斯夫，不捨晝夜」這句話來說，孔子意在告誡弟子光陰荏苒，青春不再，要珍惜時間，勤奮學習和工作，以事業為重。

孟子就孔子關於水的所有談話——包括上面的句子作這樣的解釋，在這裏我們不打算討論。我們只說說徐辟的想法。

徐辟完全讚同老師的意見。也許他還會聯想到宋君偃。宋君偃也算個「流星」吧！不過他這個「流星」連瞬間的光亮都沒有，因為他連行新政的決心都沒有下，外界的傳聞只是由他偶然的念頭而發罷了！

到家了

進了鄒城，回到學館，大家都很高興。

孟子讓萬章、公孫丑安排大家的生活，自己先去看望母親。

孟子稟報了此去的經歷，又詢問母親和家鄉的情況。母親嘆口氣道：

「我倒還好，身子骨還挺得住；只是鄉親們太苦了。鄰舍們說，今年歉收，有的家裏快斷糧了，準備逃荒呢！」

孟子愣了，原來家鄉情況也不好。怎麼到處都一樣呢？

孟子將宋國送給他的盤費一百四十兩金子交給母親，取出一

部分作為籌糧的費用，接下來便安排大家的學習。

正常的學習生活又開始了。

為什麼不收下曹交

孟子返鄉復館的消息很快傳開了。新、老學生紛紛攜帶口糧來鄒邑聽孟子講課。

一個名叫曹交的青年登門求教。

小伙子心情十分急切，還沒等坐定，開口就說：

「先生，人人都知道您主張行堯舜之道，而且每個人都可以成為堯舜那樣的聖人。聽說文王身高一丈，湯身高九尺。他們弘揚堯舜之道，建功立業，垂範至今。我身高九尺四寸多，到現在還一事無成，我該怎麼辦呢？」

孟子耐心聽完小伙子的話，覺得他過於稚嫩，太茫然──身高與學習先聖之道有必然關係嗎！

孟子點撥曹交說：

「你是一個有志的青年，學習先聖關鍵在於做。做不做關鍵又在於樹立自信心。如果自認為連一隻小雞都提不起來，那你就是手無縛雞之力的人了；如果自己覺得能提得起三千斤；那你就是有相當力氣的人了；如果自己覺得能舉得起大力士烏獲所能舉得起的重量，那你就是烏獲那樣的大力士了。信心足了，下一步就要做起來。路遇長者，你闖過他身旁，對他不理不睬，這不是敬老；如果你停下來向他問好，慢慢陪著他走，這就是敬老。

後一種行為叫做『悌』，前一種則不是。堯舜之道，就是孝悌之道。你穿堯所穿的那樣的衣服，說堯所說的那樣的話，像堯那樣辦事，你就是堯了；相反你從著裝、說話到辦事，都像桀那樣，那你就是桀了。就這麼簡單！」

曹交非常高興，禁不住起身鞠躬道：

「聆聽先生教誨，我茅塞頓開。我這就去找我鄒國的朋友，求他給我借宿之地，然後回來永遠跟隨先生，接受先生的教導。」

這話令孟子覺得刺耳──這小伙子怎麼了！我這裏就缺他一個人的下榻之地！──先住舒服了再講求學問，我的學生可不這樣！他忍不住說：

「堯舜之道就像一條大路，人人可以走，可以學。關鍵是自己在生活中感悟，行動。你放心回去吧，可以做你老師的人多得很哪。」

萬章等人見曹交滿臉惆悵地走了，不解地問：

「老師為什麼拒絕他呢？他是專門來求您收下他的呀！」

「求道貴在真誠。『誠』字很重要──『誠』是天道，思『誠』是人之道。如果缺乏誠心，容易流於衝動，趕趕時髦而已，那能持久嗎？這個小伙子誠心還不夠，他必須自己先在生活中磨煉磨煉！」

學生們明白了老師拒收曹交的緣因。但把「誠」說成天之道，思「誠」是人之道，他們真領悟了嗎？恐怕難說。今天的人們以「天」──大自然為自在自為之物，它有自己的運轉規律，

不受人類意志的支配，不管人對它愛也好，恨也好，它的四時晝夜、冷暖風雨，該怎樣就怎樣。如果說這就是天道之「誠」，那麼人道之「誠」就是為人處世包括對待大自然都要一切任其自然，尊重或遵從客體本身的規律，切忌強求了。恐怕這並不能算做孟子的本意，甚至可以說與孟子的本意相距很遠吧。

幾天之後，孟子帶弟子屋盧子赴任國一行

任國（在今山東濟寧）和鄒國都是小國，相距不過百里。

孟子此行是專門去拜訪季國國君的弟弟季任的。孟子說，季任曾派專人到鄒國來送禮物向自己致敬。這次回訪是為了答謝。接受禮物，回訪答謝是應有的禮貌。

屋盧子不理解。在齊國與齊相儲子同在臨淄，那以前，儲子也曾派人赴六百里以外的平陸送禮物歡迎孟子，孟子為什麼不回訪答謝呢？難道因為儲子是大國的卿相嗎？

孟子笑道：「連（屋盧子名連 —— 作者註）！送禮物應該注意什麼？」

屋盧子眨巴眨巴眼睛回答道：「這……不好說！」

「禮節！禮節不單是形式，它體現著心意。儲子任齊國卿相，代國君總攬內政外交，送往迎來是他的本分。我特地到他的國家來，逗留在他巡視民情路程之內的平陸，他該盡他應盡的職責親自到平陸來迎接我，可他只是派人送禮物給我，這不是擺架子是什麼？他哪有真心！季任不一樣，季任當時受他哥哥的委

託，代理國事，日理萬機。我並沒有到他的國家去，可他心裏想著我，專門派人來看望我，還有信函為不能親自來表示歉意。他的心意已到。我曾經講過，做人講的是一個『誠』字，他對我是真誠的，我必須回訪答謝，這是我應有的禮節，也是我應表達的誠意。」

在任國逗留一天，孟子與季任交談十分融洽。

屋盧子趁空閒去看望他的一位朋友，閒聊之間想不到對方突然提出一個問題：

「找吃的，娶老婆，同『禮』相比，哪個更重要？」

「當然是『禮』重要！」屋盧子毫不猶豫地說。

「講了『禮』卻找不到吃的，也娶不到老婆；不講反倒兩樣都能得到，還講『禮』嗎？」

屋盧子半天說不出話來。

第二天回到鄒，屋盧子覺得朋友提出的是一個原則問題——「食」、「色」與「禮」孰輕孰重，絕對不能含糊，便把事情的前前後後告訴孟子，希望得到正確的答案。

孟子說：「回答這個問題有什麼困難！兩者相比，得有可比性。有沒有可比性，就看它們是否具有同一基礎、同一標準。比方說，一塊木頭、一座高樓，光是頂端相同，基礎完全不同，就不能拿來比較。籠統地說，金子比羽毛重，也不恰當，你能說一塊三錢多的金子比一大車羽毛重嗎？它們並不具有同一標準。同樣，『禮』在維持社會和諧、規範行為準則方面十分重要，但它

的執行方面卻包含很多細節；『食』與『色』，單說一份食物、一次異性交往也不是大事，但就維持生命、組建家庭種族延續說，它們的重要性也不可小看。如果拿『食』、『色』的重要意義與『禮』的細節相比，就沒有可比性——它們既沒有共同的基礎，也不具備同一標準。當然，也許有人會說『食』、『色』重要。但是如果要他扭斷他哥哥的胳膊就能拿到食物，跳過牆去摟抱鄰家的女子就到娶到妻子，他會不會幹呢？你看他怎麼回答你。」

鄒國國君（後謚穆，史稱鄒穆公）派人送來禮物，並請孟子進宮。

照一般人看來，穆公此舉似乎有點耐人尋味——穆公是「尊賢」呢，還是「崇外」？若是「尊賢」，孟子出國之前，在家鄉開館講學六年，名氣已經不小，卻並未獲此殊榮。若說「崇外」呢，就一般人論，也說得過去。一個人出國跑了這麼七、八年，與外國的國君、大官們打了不少交道，似乎身份變了，地位高了，還不得另眼相看！可鄒穆公也這麼俗氣嗎？誰也說不準。

孟子想了想，雖然摸不清穆公的用意，還是決定應邀前往。

誰知穆公還真有事要諮詢。

鄒穆公早在宮內等候孟子了。

他熱情地請孟子坐下，隨即說道：

「特地恭請先生，是有一事求教。日前，我國與魯國在邊境上發生了衝突。雙方都動了槍械，我方死了三十三人，全都是官吏。我方民眾在場圍觀者甚眾，竟無一人上去救援。我方失敗，

對方退回時，趾高氣揚，甚為囂張。寡人丟盡了顏面！當時若有民眾支援，結果何至於此！寡人意欲處死這些刁民，怎奈人數太多，殺不盡殺。請問先生有何良策？」

原來是這麼回事！邊境衝突，傳得沸沸揚揚，孟子怎會不知道！但鄒國慘敗的根本原因實在是積怨已久的官民矛盾。責任在官，不在民。

孟子說：「君上，我回鄉不久，所見所聞都是莊稼歉收，糧食匱乏，民眾以野菜充饑，老弱婦幼餓死者不計其數，體力猶存者紛紛外出覓食，據說已有數千人。而官府糧食滿倉。官吏既不上報災情，又不開倉救災。他們欺瞞朝廷殘害民眾罪大惡極，民眾對他們恨之入骨，無不思親手鞭撻而後快，更別提救他們於生死關頭了。曾子說過：『給他人什麼，得到的回報也會是什麼』。君上今後若能廣施仁政，民眾一定會感恩戴德，親附朝廷。到那時他們一定會不惜捨棄一切甚至犧牲生命報答朝廷的。」

孟子說的這一切，鄒穆公並不是完全不知道，也不是一點兒都沒想到；但要他完全從民眾的角度出發考量這次事件，他心不甘，情不願。不過孟子說的又是事實，句句在理，他怎麼好辯駁！

鄒穆公沉默不語。

說明

　　本文根據《孟子》之〈離婁下〉、〈告子下〉、〈離婁上〉、〈梁惠王下〉諸篇中相關內容編寫。

「文」、「武」之道哪裏去了？

04 魯國之行

孟子正在盤算是否應該再次出國時，公孫丑非常高興地進屋報告：

「老師，好消息！師弟樂正克將被魯侯委以重任了！」

「真的嗎！消息確實嗎？」

孟子為這突如其來的消息興奮起來。尋找施政機會實現他追求已久的夢想是他畢生的願望，現在，自己的學生將得到這樣的機會，也算是能替自己圓夢，怎不令人欣喜萬分！

樂正克是孟子怎樣的學生

樂正克，複姓樂正，名克。魯國人。與公孫丑等一樣，也長年追隨孟子。《孟子》一書稱他為樂正子。

「太好了！我真希望你們每個人都能得到這樣的機會。」孟子對公孫丑說。

孟子十分注意自己的言行修養，平時不輕易過份表露自己的感情。但這一回，他真有些喜出望外，晚上連覺都睡不好。他想的是，可否借此機會在魯國實施仁政。

學生們理解老師的心情。同孟子一樣，公孫丑等也很高興；

但樂正克能夠替老師挑起這副重擔嗎？他們真的不大放心。

公孫丑忍不住問孟子：

「聽說魯國朝廷上下情況比較複雜，樂正子會遇到許多困難，不知道他有沒有足夠堅強的意志能面對困難。」

「難說！」孟子搖了搖頭。

「那麼他遇事會很有主見嗎？」

「不一定！」

「那……魯侯將重用他是因為他見多識廣？」

「也不是！」

公孫丑有些迷惑了。既然樂正克意志力、決斷力甚至知識面並不比師兄弟強多少，那麼老師為什麼對樂正克將被起用如此寄以厚望，如此出乎常態地興奮呢？

公孫丑直言不諱地說出了自己的想法。

孟子解釋道：

「克平時善於聽取正確的意見，他定能擔此重任！」

「善於聽取正確的意見就夠了？」公孫丑還是不大放心。

「是的！能夠做到這一點，治理天下都沒問題，何況一個魯國呢！一個人如果善於聽取正確的意見，那麼四面八方的人都會趕來向他貢獻良策；否則人們就會厭惡他，甚至模仿他的口氣說：『唷唷！你說的那些我都知道了！』他『唷唷』的聲音、不屑的表情會拒人於千里之外。這時候，那些阿諛奉承的小人必然趁虛蜂擁而來。跟小人攪在一起，能治理好國家嗎？」

　　孟子停了停，接著說下去：

　　「我所說的道理先例不少。善於採納正確的意見因而成就事業，如子路，子路聞過則喜。夏禹聽到好的建議，就向對方致敬。偉大的舜帝更了不得，他從一介平民到登上帝位，一直都納人之善取人之長為己所用，善與人同，同對方一道走正路，辦好事，所以受萬民景仰。善於納人之善言是一種很了不起的品德。我對克很有信心！」

　　質疑樂正克的，並非僅有公孫丑一人。

　　早在孟子在齊國時，齊蓋縣長官王驩看中樂正克，讓他跟隨自己辦事，齊國人浩生不害（複姓浩生，名不害；後人有認為他是孟子弟子的）就曾問過孟子樂正克是怎樣的人，孟子回答道：

　　「善人！信人！」

　　「何謂善！何謂信！」浩生不害追問。

　　「品德好值得人期待就是『善』；好的品德實實在在地存在於一個人身上而非虛有其名就是『信』；如果他的心靈完全充滿良好的品德就構成了『美』；倘能形之於外光照他人可以叫做『大』；善德融入事業，融會貫通運用自如則達到了『聖』的境地；最高的境界則是『神』──上述『聖』的表現簡直無法預測無法言說自在自為，人們真會視之為神人。樂正克是前兩類之中的人，但暫居後四種人之下。」

　　孟子對於「善人」的理解，源於孔子。

　　孔子論及品德操守時，將人分成三等。第一等是「善人」；

第二等是堅持不懈追求仁德的人，最下等則是那種華而不實、謊話連篇的小人——他們肚裏空空，卻假裝淵博；身無分文，偏冒充闊綽。孔子認為當時已經看不到第一等人了，能見到第二等人就算不錯了。可見孔子對「善人」評價極高。

孟子稱樂正克為「善人」、「信人」，也正因為他看到這個學生道德操守高出一般人之上。

儘管如此，孟子對樂正克仍然嚴格要求。前面提到樂正克隨王驩到臨淄辦事，等找好了住處第二天克才拜見老師，孟子就批評他未盡尊敬長輩的禮數；還告誡他警惕做官為混飯吃的低俗做法。

樂正克銘記老師的教導，從內心深處敬愛自己的恩師。

正因為自己的愛徒即將步入魯國政壇，所以孟子決定——

到魯國去

魯是周武王給周公旦的封地。周武王去世後，周公要輔佐成王，便讓長子伯禽代自己就封。伯禽攜帶了大量禮樂簡冊等到魯國去。兩百多年前，晉國大夫韓宣聘魯時就感慨，「周禮盡在魯矣」。那時，魯國經歷了魯莊公死後慶父、季友兄弟二人爭權大劫難才百餘年就恢復政局平穩而且文王、武王時代的典籍居然完全沒有受到破壞。孔子出遊遭匡人拘留，也曾說過：「周文王去世了，他締造的文化遺產都保留在我這裏。」可見，魯國是一個不同於齊、宋、鄒的國家，魯侯一定

珍惜自己的傳統，按「文」（文王）、「武」（武王）之道辦事。

去！就到魯國去！

說走就走。魯都曲阜距鄒很近，孟子師徒當天就到了曲阜。

魯景公剛去世，兒子叔登位（後諡平，史稱魯平公）。這一年是西元前343年。

孟子到達的消息，很快被平公知道了。新官上任三把火。這位新君似乎也有意改變父親的做法。他打算會見孟子，聽聽這位大學者的意見。

「君上，車輦準備好了，請君上起駕。」侍臣進宮稟報。

緊接著近臣臧倉也進來了。這臧倉平日跟隨魯平公左右，伶牙俐齒，見風使舵，很得平公寵幸。這一回，且看他說些什麼。

「君上，平日您要去哪裏，都要告訴管事的人。今天管事的人還沒有接到您的旨意。請君上明示，微臣好去安排。」

魯平公說：「寡人要去見孟子。」

臧倉觀察魯平公好幾天了，從平公的言談中，臧倉感到這位新君對孟子很有興趣。臧倉早就聽說孟子張口先王，閉口仁政，諸侯們都認為他有點「迂」，既煩他又不敢得罪他——他的名氣實在太大。如果新君聽了這位老先生的話，自己就會倒霉了；撈不到好處還不說，只怕連自己的官位也保不住。不行！一定要阻止新君見他。

臧倉一轉念，應對之策出來了。

「依微臣之見，君上貴在眾臣民之上，卻屈尊去見一個普通讀書人，實屬不當。再說那孟子張嘴禮義，閉嘴禮義，辦起事來卻反其道而行——聽說他給母親治喪，出手之闊，場面之大，遠超過父親的喪事，很是違禮呀！君上還是不去見為好。」臧倉低頭彎腰，輕聲細語，顯得十分小心謹慎，一派忠心為主的模樣。

魯平公想了想，覺得臧倉的話也有道理，不如暫緩此行，對孟子在魯國的表現先觀察再說。

「好罷，寡人這就不去了！」魯平公說。

誰知此事被樂正克知道了。樂正克這時已在魯國朝中供職。史料雖未說明他的具體官位；但從他能輕易見到魯平公來，可以推知他已經很得平公的信任和重用——魯平公原本打算去會見孟子，多半也與樂正克的推薦有關。

樂正克急於促成老師與魯平公的見面，他急匆匆地進宮。

「啟稟君上，微臣聽說君上取消了與孟軻的見面，不知是何緣故。」

「聽說他辦理母親的喪事，場面遠超過父親，有違先王規定的禮制。」

「是說他以士禮為父親辦喪事，為母親治喪卻用大夫之禮嗎？」

「不是，是說他給母親發喪的棺槨器物太過華美。」

其實，據古籍記載，孟子作為魯國貴族的後代，家世早已衰微才遷居至鄒，他的父親激（一說名廖）去世很早，孟子與母親

相依為命，生活十分艱難。父親的喪事怎麼辦，年紀幼小的孟子根本沒有發言權。倒是母親仉（ㄓㄤˇ）氏，辛苦勞作，將孟子拉扯大，教育孟子成材，費盡心思；孟子出遊齊國，仉氏同往，母子感情極深。他讓能幹的學生充虞（姓充，名虞）替自己辦理母親的喪事時說：「中古以來，規定了棺槨的厚度。從天子到普通百姓，為故去的父母置辦棺槨，除遵守禮制外，只要財力允許，無不盡量選用最好的木料，以盡孝親之心。孝子絕對不應該在父母身上打主意省錢！」

母親去世時，孟子設館有一定收入，出遊至宋國，又曾經過薛邑，宋君偃和薛邑長官田嬰都贈送禮金給孟子，孟子的經濟狀況已經改善，他讓充虞選用上好的木料做母親的棺槨已經有了條件，厚度也不違背禮制。不料卻被不明真相的人歪曲事實，讓別有用心的人抓住當作攻擊孟子的「把柄」。

樂正克據理力爭：

「大王，如果要比較孟軻母親和父親的喪事，完全不存在什麼『超過』不『超過』的問題；他幼年喪父，那時家裏很窮，母親去世時，經濟狀況已經大大改善了，他有能力為母親置辦較好的棺槨，再說他並沒違禮。」

但是，說也沒用。這次出行，已經取消了。

樂正克十分沮喪，他把情況報告給老師。不料孟子卻十分平靜。他說：「辦事能否成功，不完全由人力決定，還有天意。臧倉這小子搗亂也是如此。但是，單憑他的能耐，他阻擋得了魯侯

跟我的見面嗎？」

孟子相信天命，他對魯平公仍抱有一絲希望。

不料，又發生了一件孟子意料之外的事情，令孟子的希望幾乎完全破滅。

魯平公任命善於征戰的慎子為將軍，有意讓他奪回齊、魯兩國歷來爭奪現已屬齊的南陽（在泰山之西南、汶水之北，即汶陽）。

不幸，慎子（姓慎，名滑釐）與孟子見面了。

這是一次不愉快的會面。

寒暄過後，話題很快轉到慎子的任務上來。

孟子直接了當地說：

「用沒有經過訓練的民眾去打仗，就是叫他們去送死。這種做法在堯舜的時代，決不允許實行。即便您打一次仗就能占領南陽，那也不可以……」

孟子的話沒錯，孔子說過：「不教民戰，是謂棄之。」即使正義戰爭，也要珍惜生命，盡量減少犧牲。不加訓練，就叫老百姓去打仗，難道不是送死？

但高傲自信的慎滑釐卻聽不得這樣的話。孟子沒說完，他就變了臉，很不客氣地打斷孟子的話：

「您這話我就不明白了！」

孟子也不客氣，立即接過對方的話：

「那我就來告訴您：古制，天子之國方千里，諸侯之國方百

里。周公封於魯，姜太公封於齊，都略少於一百平方里。現在貴國的土地，已經五倍於一百平方里。如果聖王再世，會再增加貴國的土地，還是減少呢？平白無故地搶奪他國的土地據為己有，有良心的人都不會如此；何況使用暴力殺人害命侵略別人呢！君子輔佐國君，應該堅守仁義之道呀！」

孟子的話鏗鏘有力，狠狠地打擊了踐踏民命、侵略成性的好戰分子，即使在今天，也是很有現實意義的！

從歷史看，魯國在魯哀公以前的三百多年裏，侵齊犯宋，三次伐邾，三次伐莒，占領了這些國家不少土地；又滅掉郜、項、邿、鄟等小國。春秋時期，瘋狂已極。戰國以來，國力日減才淪為二等國。曾子說過：「給他人什麼，得到的回報也會是什麼。」侵略他國，奪人國土，別人就不會奪回去？靠征戰，靠侵略，在國際舞台上能站住腳嗎？

孟子主張「仁者無敵」，反對非正義戰爭。他抨擊自詡「善於作戰」之說，指出那是罪惡的言論。他說：「征的意思是正。各人都好好端正自己，那還用得著打仗嗎？」

孟子一番話，令慎滑釐無言以對。

這次不愉快的見面在沉默中結束。

孟子出於禮貌，送走客人；內心仍不平靜。他也許在想：「魯侯呀！你為什麼要動用武力侵略別人，屠戮生靈！「文」、「武」之道哪裏去了！」

本文據《孟子》之〈告子下〉、〈盡心下〉、〈公孫丑上〉、〈公孫丑下〉、〈離婁上〉、〈梁惠王上〉，《論語》之〈述而〉、〈子路〉、〈子罕〉，《左傳》之「昭公二年」以及《孟子家世》之〈孟子身世〉（王軒）〈孟母〉（齊崇富）中相關內容編寫。

　　又，孟子「可欲之為善，充實之謂美，充實而有光輝之謂大，大而化之之謂聖，聖而不可知之之謂神」此段話，各家解說不同。其中前三句尤難解。鄙意以為「欲」字甲文作「欲」從𠙴從阝，人之口加上張大嘴的人（阝），本義為貪欲（物慾、情慾、色慾）；轉義為希望、期願、想要（見《辭源》修訂本P.1653）。「可欲」可解為「可以期待」。作者對此三句的解釋期待專家和讀者指正。

暗淡的政治新星
05 滕國記憶之一

　　孟子帶領學生來到滕國。

　　讀者也許要問孟子為什麼作出這樣的決定，原來——

是溫馨的回憶改變了孟子在魯國遭遇不順的失望心情

　　那還是數年前孟子初到宋國的時候，滕國太子宏訪楚途經宋國新都彭城（今安徽徐州），特地拜見孟子。

　　太子儒雅謙和，見到孟子就施以大禮，說：

　　「先生為推行先聖之道風塵僕僕不遠千里而來，學生能謁見先生親聆教誨，實乃三生有幸。學生素仰先生之道，務請先生賜教一二。」

　　孟子心中暗喜：太子如此誠懇，真是可造之材。自從自己出訪以來，還沒有一個政治要人如此真誠地討教施政之道。今天，他當然不會放過這個機會。他淋灕盡致地闡說了自己關於人性和仁政的主張。他強調人天生就有為善的潛質，只要守住它，加以擴充，人人行善，社會風氣就可以大大改觀；施政者如有為善之心，必能踐行堯舜之道，令天下大治。

　　一席話說得太子熱血沸騰，他恨不得馬上結束訪楚之行，回

國輔佐年邁的父親改革施政，惠民強國。

喝一口萬章等沏好的熱茶，太子稍作思考，似乎想說什麼，但遲疑了一會兒，又把話嚥了回去。

太子的確想到了一些問題，但倉促間又不知從何說起。當他訪楚回程再次造訪孟子時，終於把自己的思路整理清楚，向孟子提了出來：

「先生，我國地小國貧，人口不多，人才缺乏；目前，大國爭雄，弱肉強食，小國常遭侵犯，或成為犧牲品。國際環境如此惡劣，我國振興之路能否走得通？」

孟子突然想起上次太子臨走時那種欲言又止舉步又停的神態，當時自己還以為那是太子依戀之情所致，沒想到太子還有這樣一番疑慮。

孟子微笑道：「太子，當今世道險惡，您說的的確是事實。不過請相信，真理永遠不會被打倒。選擇了真理，堅持不懈地奉行，總有成功的一天。勇士齊覦對齊景公說過：『人家是男子漢，我也是男子漢；我幹嘛怕他！』賢人顏淵說：『舜是怎樣的人，我也應當做舜那樣的人 —— 有為之士都該這樣做！』曾子的弟子公明儀也說：『周公說文王是他的老師，他要以文王為師 —— 周公難道會騙人嗎？』齊覦很勇敢，有志氣，顏淵、公明儀決心向聖人、聖王學習；他們都是我們的榜樣。貴國不大，但也有五十平方公里面積，相當文王賜封諸侯國面積的一半。《書經》上說：『猛藥令你暈天轉地，但它能治好你的病。』困難跟

猛藥一樣，它打的你措手不及，暈天轉地，但它也會給你動力，促使你不斷前進。相信太子一定能把握好貴國現有條件，堅持真理，克服困難，治理好貴國！」

太子聽得信心滿滿，高高興興地拜辭回國去了。

此後，孟子又聽到了關於太子的一件事

這件事又一次令孟子認為，太子是可造之材，也許他還可能成為一顆政治新星呢。

太子的父親滕定公病逝了，太子悲痛萬分，同時也為如何舉辦喪事大傷腦筋。多年來，他倚賴父親還沒獨立處理過什麼問題；國喪該怎麼辦，他一時還拿不定主意。突然，他想起了孟子。對了！孟子是一位可信賴的哲人，不妨請教於他。

太子請來太傅然友。

「太傅，君父仙逝，如晴天霹靂，我心如亂麻，國喪大事，我毫無頭緒。去年，我曾拜訪過寓居宋國的孟子，他教給我許多道理，至今仍難以忘懷。聽說他現已回國，我想辛苦太傅前往鄒國，請教他關於國喪的意見。太傅意下如何？」

然友去鄒國拜見孟子，如實報告了太子的苦惱。

原來太子宏的苦惱源於他孝順父親的拳拳之心，令孟子十分感動；這也證明太子本性善良——自己的觀察沒有錯！

孟子告訴然友：

「親人離去，子女理當盡心竭力辦好喪事。曾子說過：『孝

順，應當體現在父母在時的贍養、死時的葬儀及死後的祭奠都遵循禮制。』怎樣舉辦諸侯的葬禮，我倒沒有學習過，但我知道，為父母守孝三年，喝稀粥，穿粗布衣，從天子到庶民百姓，夏商周三代都是如此──這是禮制！」

然友回國，彙報了孟子的意見。

太子決定遵守古禮，守孝三年。

不料，這個決定激起了軒然大波。

大臣們議論紛紛：

「三年之喪？咱們從來沒有執行過呀！」

「咱姬姓各國，魯國是最大的國家，魯國也沒行三年喪禮的古制，咱們為什麼要拘泥於過時的制度！」

「三年！三年！先君已逝，新君未立，三年執政空白期，誰來管理國家大事！」

消息傳至百姓中，眾人議論紛紛。茫然，猜測，疑慮……

「怎麼回事？太子要守孝三年？」

「君位空了，會不會亂套？」

「……」

有人搜集了這些信息，綜合後報告太子宏：

「太子──不，君上！三年之喪恐怕行不通。咱們還是依先例吧！咱們繼承的就是這樣的傳統呀！」

太子猶豫了，該如何處理呢？

太子又一次想到了孟子──這位博古通今品德高尚的智者，

他一定能幫自己拿主意。

宏又找來了太傅：

「太傅，我平日喜好騎射和劍術，學問實無長進。今日之事，父老，官員，都與我意見相左，令我難以決斷。煩勞太傅再去鄒國，向孟子說明我朝廷上下情況，請他指點迷津才好。」

忠心的然友再一次赴鄒。四十餘里的路程，大半天時間，然友就帶回了孟子的意見：

「為親人舉喪，不應求助他人決斷。我只能告訴太子孔子說過的話：『君主去世，太子當把一切政務交首相料理。自己只以稀粥果腹，在靈柩前就孝子位以哭聲抒發喪親之痛。官員們自然也會共同舉哀。』上行下效，此乃自然之理——君子之德如風，小人之德似草，風吹草動，風向決定草擺動的方向。貴國國喪之禮如何舉行，全在太子自己決定。」

孟子的話令太子豁然開朗，當即發佈決定：

「先君喪禮，悉從古制。我守孝三年，三年期間，國事由太傅代理。」

命令一下，誰也不敢再發議論。

從小斂（給死者穿壽衣）、到大斂（遺體入棺）到始殯（停棺待葬），整整五天，太子一直身著白色喪服守侯在靈柩旁。五天後，靈柩從西階移入宗廟，太子及其他家人，一直陪伴著長眠的逝者。父親的所有教誨乃至平日的一顰一笑，都不斷浮現在腦海裏，太子常常以淚洗面。鄰國諸侯派來官員致悼，滕國眾大臣

甚至都邑民眾也都陸續前來弔唁。弔唁者在靈柩前跪拜完畢，紛紛向太子等表示慰問，言詞間不免流露出對逝者的思念，這更增添了太子的悲情，他再也控制不住自己，終於放聲痛哭，在場的人也都陪著落淚。

從始殯到起殯，是五個月難熬的日子。

整整五個月，太子守護靈柩，陪伴著長眠的父親。當弟弟更等親人來替換時，他就在宗廟旁臨時搭建起來簡陋的小屋子裏稍事歇息。伴隨著撕肝裂肺的悲痛，他不斷反思自己的過去，也依稀想到自己的未來——國家的前途、民眾的疾苦，這副擔子實實在在地壓在了自己的肩上，他感到千斤般的重量。

五個月過去了。下葬那天，通體孝服的太子宏和弟弟更拉著靈車，靈車上是覆蓋著白色帳幔的靈柩。五百名身著白衣的執紼者手扶白紼繩緩緩前行。徐緩的哀歌聲在執紼隊伍中響起：

> 露珠今天乾了，
> 明早又會滴下。
> 你今天走了，
> 什麼時候再回家？
> ⋯⋯

悲哀的大網從出殯隊伍向道路兩旁撒開，伸展，籠罩了整個都邑，旁觀的民眾與以太子為首的白色大軍，哭聲融合到一起。

當天，太子再次宣佈為父親守孝，國事交太傅處理。

從此日起，三年內太子將不發佈任何命令。

舉國上下一致認為太子很有孝心，他一定能接好班，做一個好國君。各國諸侯對太子的表現也十分認可。

滕定公喪禮的前後情況傳到了孟子耳裏，更加堅定了孟子的看法：太子宏本質很好，前途無量。

所以孟子義無反顧地離開魯國來到偏遠小國——滕。

滕文公滿腔熱忱厚禮接待孟子

太子宏（後謚文，《孟子》中稱滕文公）吩咐太傅以上賓禮款待孟子師徒，請他們住進最好的客館。客館背靠嵯峨的高山和蔥翠的樹林，與遠處的高臺遙遙相對。登臺遠眺，藍天白雲，鷹鷂盤旋；朝霞褪去時，則雲霧繚繞，遠山若隱若現。平時這一帶少有人蹤，偶爾能聽到一兩聲鳥鳴。這正是安居養性絕好的地方。

太傅然友率高級官員遵太子命前來拜見孟子，表示歡迎。

太子——滕文公守孝期間，免除一切應對事務，深居簡出。但他仍心繫國運，思考應該向尊貴的客人請教哪些施政要事。

一天，他終於登山進入客館拜會孟子。

滕文公長揖之後，誠懇地說：

「學生有孝在身，不能時時侍奉先生於左右，尚請先生見諒。」

「說哪裏話，閣下竭盡孝心，人人稱頌，我也欽佩之至。閣下有何見教，但說無妨。」

孟子的確很讚賞這位尚未行登位大典的新國君。出於禮制考

量，他只得暫以「閣下」相稱。

知禮明理的滕文公自然不在乎如何稱謂，他仍按自己的思路直接了當提出問題：

「先生，我正式接受先君遺托後，將從何處入手管理我的國家？」

「閣下，鄙意民生最重要。老百姓很苦，很累呀！君不聞詩曰：『白天上山割茅草，夜晚搓繩熬夜忙。抓緊時間修房屋，開春播種又忙插秧。』我們若不創造條件讓他們安居樂業，國家怎能安定，怎能昌盛？他們應該有屬於自己的田土和家園，並能按照自己的意願安排生產，才能履行國家規定的他們應盡的義務和職責。否則他們將無法約束自己，很可能行為失當。等到他們犯了罪，不得不接受懲罰時，害了他們的，不是別人，正是我們！有德之士治理國家決不能這樣做！」

「有德之士應當勤政親民，取民循制。所謂『為富不仁，為仁不富』謀財與守德對立的說法，其實是十分錯誤的。」

「建立合理的稅制很重要。借鑒夏、商、周三代稅制，最好的稅法是讓農民既種私田又種公田，公田的收成交公，私田所收則為他們自己所有。殷、商曾經這樣做過，周朝也一樣——周朝流傳下來的詩歌就有這樣的句子：『雨呀，你下到了公田裏，也滋潤一下私田吧！』這證明周時田制也有公、私之分。

「種田的人有了自己的私田，生活得到了保障。接下來國家該做的事就是興辦教育。三代都辦了學校，名稱雖各異，任務

卻相同：教授人際關係知識，明確行為準則——從家庭到社會。民眾人人踐行，官員帶頭遵守。倘能如此，必能上下同心，共謀發展。國家治理到這步田地，即使聖王再世，也會以之為師的。『岐周雖古老，卻充滿活力。』這是讚美文王的詩句。文王為我們做出了榜樣。努力吧！閣下有良好的願望，一定能讓貴國出現岐周那樣嶄新的面貌。」

孟子最後加重語氣說：「我很有信心！」

這一次會見，滕文公很受鼓舞。

他退回自己的住所，思量再三，覺得田制改革最為根本。但應採取怎樣的模式？有沒有成功的經驗可以參考？

滕文公派大臣畢戰去請教孟子。

孟子說：「問題提得好呀！真抓住了關鍵。任何國家都有兩種人：官吏和百姓。官吏行管理之責，百姓生產糧食養活官吏。如何收集糧食，就得確定稅制。合理的稅制是城市十抽一，郊野九抽一。後者就關乎收集糧食。『九抽一』以實行井田制為基礎：一井九百畝，八家各耕種一百畝私田，中間一百畝公田，八家共同耕種，所收糧食歸官府。於是，首先要劃好田界。否則就無法確定各家應耕種的地塊，也會給暴君和貪官留下幹壞事的空間。實行井田制不但能保證稅收合理，還可以促進社會和諧。試想農家各自固守自己的私田，世代為鄰，出入相友，守望相助，疾病傷痛互相扶持，那是多麼親密的關係呀！」

孟子越說越激動，他為自己所描繪的未來圖景感動了。

稍作停頓，孟子深情地說：

「新君選擇你，把這樣重大的國事交給你去辦，你一定要輔佐他認真地把這件事辦好呀！」

據史家考證，歧周確有公田，似乎也實行過井田制。那時歧周僻處一隅，國土面積也不算太大——孟子自己也說，文王之國方七十里。後經戰亂等各種條件造成的變化，原有田界多已打亂；加上不少新墾的荒地，土地私有越來越普遍，井田制即使曾經實行過，也已名存實亡。滕國雖不是歧周，但土地私有的情況跟歧周也一樣。滕國若想在大量私有的土地上重新劃界勾劃出井田制的輪廓，談何容易！說重提井田制流於空想，也不為過。但孟子關於社會和諧的美好願望，卻是值得嘉許的。至於滕文公是否按照孟子的話去做了，《孟子》一書，不見明言，其餘古籍，也無確載，只得請讀者自己去想像了。

孟子促使滕文公實行仁政信心的動搖，並不是因為井田制，而是發生了另外的事情——

這件事導致滕文公的不安、孟子的無奈

西元前322年，齊威王封他的兒子田嬰於薛。（今山東滕縣西南四十里）。田嬰在薛加固城牆，深挖護城河，似乎在準備打一場大仗。消息傳來，滕文公十分不安。

前面說過，齊威王在位期間野心勃勃，動作頻頻。現在他把離滕國極近的薛邑交給自己的兒子，似乎要將薛邑作為進攻滕國

的橋頭堡。以齊國勢力之強大，一旦動起手來，弱小的滕國除了束手就擒，哪裏還有別的出路！

滕文公之所以不安，正在於此。

他惴惴不安地來見孟子。說完薛邑的情況後，滕文公問道：

「先生，齊、楚兩強把我國夾在中間，平時我國就很難應付。現在齊國又有如此大的動作，明顯指向我國。我很害怕！先生，我該怎麼辦？」

的確，這事非同小可。孟子沉思起來。

平時，討論外交政策，孟子說過，為了國家的尊嚴，對付強國，只有加強防務，拼力抗爭。國君應當以身作則，與民眾並肩作戰，用生命換取國家的安全——捨生取義，正是君子的本份。

現在，強國似乎真要動手了，而滕文公又十分缺乏經驗，他扛得住嗎？在一個弱肉強食的時代，要想維護自己應有的利益於殘酷的鬥爭中，靠的是什麼？靠實力！實力從哪裏來？實力存在於民眾之中。於是孟子給滕文公講開了西周立國的故事：

「君上！」孟子覺得改一改稱呼已經是時候了，這正是為了讓眼前這位新君意識到，領導民眾抵禦外侮，保衛國家是自己必須承擔的責任。「讓我們重溫一下太王的故事。太王古公亶父繼承他先祖后稷、公劉的事業，積德行義，發展農耕，民富國昌。北方的狄人眼紅了，派軍隊頻繁侵犯。太王送去皮裘絲綢、好狗名馬，珍寶珠玉，一批又一批，仍然沒有打消狄人進犯的念頭。太王知道狄人看中的不是這些，他們要的是土地和人民，打算徹

底退讓。民眾對狄人的無理行徑十分憤怒，請求與敵人決一死戰。太王則把自己思考後的決定告訴民眾：『上天立君，是讓君為民謀福利。我如為保存自己的君位讓你們冒死與人拼殺，我於心不忍。諸位以我為君或以狄人為君，並無區別。請讓我離開這裏吧！』說完，便帶領家人、親屬離開邠（ㄅㄧㄣ，今陝西旬邑一帶），攀越梁山，到達岐山下定居。邠人讚嘆不已，說：『太王是仁德之人，我們不能離開他。』於是大家扶老攜幼，也來到了岐山下。」

據古籍記載，公劉立國於邠。軍民同心協力，開墾於荒原之上。他們還劈山鑿石，面澗築房，經營出一片好家園。太公捨棄祖業，遷居周原（陝西岐山縣）。再創業之初，也十分艱難，他們掏起了窯洞，住進了地窩。太公與官民共商大計，令司徒（掌土地及勞力調配）、司空（掌建築工程）各理其事。太王和官員還帶領民眾，劃分田界，開荒育苗，建造居室城門，重新建設起一個新的都邑。但現今滕國的處境與昔日太公所面臨的完全不同。太公的時代，地廣人稀，國家搬遷重建，空間很大。現在是戰國時期，滕國雖小，但所處的地方，土地肥沃，資源豐富，又被齊、魯、楚諸強國所包圍，且垂涎已久。打，打不過對方；搬，搬到哪裏去？孟子為什麼要給滕文公提供一個無法仿效的歷史範例？當然不是要滕文公逃跑、服輸，而是告訴這位新君，立國之道貴在珍惜民命，依靠民力。

針對滕文公面對的難題，孟子還說了另一番話：

「國土是祖先留傳下來的基業，子孫後代沒有權力拋棄它。路只有一條：誓死保衛它，守住自己的家園。」

怎樣才能守住家園？孟子沒有說。但是孟子加重語氣補充道：

「保民眾，還是保國土，請君上慎重考慮選擇其一。」

真難以抉擇啊！沒有民眾，要土地有什麼用？失去土地，民眾靠什麼安身？

這是孟子故意提出的兩難課題嗎？當然不是。孟子的話反映了他心中的無奈。這種無奈正是當時的形勢造成的。強敵當前，逃跑、服輸就是滅亡。避免整體的滅亡，保家衛國，需要進行長期的鬥爭，付出巨大的犧牲──孟子不忍開這樣的口，政壇新秀滕文公恐怕也難以下這樣的決心。

一顆政治新星即將升起之初就無法閃射它的光亮了！

新星殞落──斯人逝矣

西元前318年，執政僅數年的滕文公不幸逝世。

是英年早逝啊！也許他無力回天心力交瘁抑鬱而終？

這一年孟子已再次去了齊國。任齊宣王的客卿。

多年來孟子牽掛著滕文公──這位謙和善良、孝親敬賢的國君。在窮兵黷武、驅民赴死、爭城奪地的眾諸侯中，他的表現確實耀眼。數年短暫的交往，多次推心置腹的交談，都是孟子十分珍貴的記憶。而今他走了，孟子十分悲慟。喪期恰逢嚴寒，大雪

紛飛多日，天空灰暗似鉛塊壓頂。屋頂、路面，一片白色，積雪深可沒膝。交通阻塞。老天似也在哭泣。年過五旬的孟子，不顧年邁天冷，按照因道路難通不得不改變了的日期，在齊宣王所派副使蓋邑大夫王驩陪同下，一天不差地來到滕國弔唁。在靈柩前，孟子忍不住淚流滿面，哽噎不止。

安息吧！你是被烏雲掩蓋的政治新星！

說明

　　本文根據《孟子》之〈梁惠王下〉、〈公孫丑下〉、〈滕文公上〉以及《史記》之〈周本紀〉、〈孟嘗君列傳〉、〈六國年喪〉，《詩經》之〈公劉〉、〈緜〉，《儀禮》之〈士喪禮〉，《樂府詩集》卷二十七之〈薤露〉，范文瀾《中國通史》第一編第三章，李廣星〈孟子游滕的時地及遺址〉（載於中國文史出版社1991年出版濟寧市政協文史資料委員會、鄒縣政協文史資料委員會合編的《孟子家世》）及該文所引《滕縣誌》、《續滕縣誌》等書、文中相關內容編寫。

　　又，齊威王封田嬰於薛的時間，《史記》之〈六國年表〉記為周顯王四十八年（魏惠王後元十四年、西元前321年），《史記》之〈孟嘗君列傳〉「索隱」引《竹書紀年》稱「梁惠王後元十三年四月，齊威王封田嬰於薛。十月，齊城薛。」今人有以為是西元前323年（周顯王四十六年）的（《孟子家世》中所載孔令源〈孟子年譜〉，北京清華大學出版社劉鄂培《孟子大傳》均主此說。）今據榮孟源編《中國歷史紀年》（1957年北京生活、讀書、新知三聯書店）考定，魏惠王後元十三年應為西元前322年，本文依照《竹書紀年》的說法，結合《中國歷史編年》姑定田嬰封於薛的時間為西元前322年。

06 「不是正道？誰走的不是正道？」

滕國記憶之二

一天，太傅然友進宮向滕文公稟報國事，正說著話，侍衛進來啟奏說一個名叫許行的人求見。

「許行？什麼樣的人？」滕文公問。

「他自稱來自南方，口音很特別。」侍衛說。

滕文公沒回答，似乎在想什麼。

侍衛又補充道：

「他的打扮很怪，披的衣服像是粗麻織的，腳下穿的是草鞋。」

滕文公想，這個人也許遇到了困難，請求幫助。他看了看太傅說：

「要不請他進來，看看咱們能不能幫幫他！」

許行進宮來了，著裝果真如侍衛所說那樣，平常真沒見過。

「大王，我是楚國人。平常喜歡研究神農氏的學說。手下有幾十個學生。聽說大王實行仁政，非常仰慕，特地帶領學生到貴國來，做大王的子民。請大王賜一處住所，我們將自食其力，繼續研究和踐行我們所喜愛的學問。」

許行一口氣說完來意，態度十分真誠。

滕文公與然友對視了一下，心想，自己的施政改革還在醞釀中，就獲得這樣的關注，倒是意料之外的事情。這位奇怪的學者所提要求如此簡單，當然不應該拒絕。

「先生過獎。能否請先生的高足一塊兒來見見。」

滕文公想知道這位來客帶來的是一個怎樣的團隊。

許行的學生擁了進來，跟他們的老師一樣，全都腳穿草鞋，身披粗麻編的衣服。有的肩挑筐子，有的手拿鋤頭。

滕文公認為這是一個心懷善意前來歸附的團隊，當即請太傅派人安排他們的住所。

事後，滕文公詢問許行師生的情況。官員報告說：「他們只是在編蓆子，打草鞋，拿到市場上換糧食。他們說，開春後希望君上賜給一塊土地，他們自己種莊稼，就不用跟別人換糧食了。」

滕文公聽罷，什麼也沒說。心想，許行師生既然自願來到這裏，只要他們住得習慣，生活安心就好了。

誰料沒過兩天，又有弟兄二人求見。哥哥陳相，弟弟陳辛。自稱來自宋國，是小有名氣的儒者陳良的弟子。他們求見的動機和要求竟跟許行差不多。

滕文公沒有理由拒絕又一組自願歸附自己的人，同樣給陳相兄弟做了適當的安排——他們的住處就在許行師生附近。

不料，麻煩事發生了。

許行見了陳相兄弟大發議論：

「我們來錯地方了！」

陳相覺得很奇怪——為什麼？

許行接著說：

「我們只聽說滕國國君品德高尚，關心民眾；然而不是。你看他向老百姓徵收糧食，還修建了糧庫，自己不拿鋤頭，不費力氣，這不是勞民損民嗎？」

「哪個國家的國君不這樣呢？這有什麼奇怪？」陳相不能理解許行的話，反問道。

「不，賢德之君應該放下身段，跟民眾一樣，親自耕地種莊稼，打糧食，生火做飯。跟普通人不同的是，他們還應該履行自己的職責，管理好國家。這才是正道。滕國國君走的並非正道！」

陳相回到自己的住所跟弟弟一道琢磨許行的話，討論來，討論去，覺得許行的話新鮮，有道理，也許這還是一種創新的理論呢；自己有幸聽到了，真該好好學習學習。

很巧，孟子這時也在滕國。他與滕文公稱得上是忘年交。共同的政治追求突破了年齡和社會地位的藩籬，使兩人結下了友誼。

陳相很想把自己的想法告訴孟子。畢竟孟子是大師，他繼承孔子之學，造詣和名望都遠在自己的老師陳良之上。

陳相真的拜訪了孟子，並轉述了許行的議論。

孟子十分震驚，震驚之餘，又覺得氣憤——怎麼可以這樣誣斷滕文公的選擇！「正道」！什麼是「正道」？誰走的不是

「正道」？

他沉默了一會，壓抑住自己激憤的心情問道：

「許君是自己種莊稼打了糧食然後做飯吃的嗎？」

「對呀！他一向這樣。不過目前還沒開春，還不到下耕的季節。」

「許君是自己織了布做衣服穿嗎？」

「不，他只穿粗麻編的衣服。」

「他戴帽子嗎？」

「戴！」

「戴什麼帽子？」

「白綢帽。」

「是他自己織的白綢嗎？」

「不！是他拿糧食換來的帽子。」

「為什麼不自己織綢做帽子呢？」

「他要耕地，怕誤了種莊稼。」

「許君是用鐵鋤挖地，用鍋甑做飯嗎？」

「對呀！」

「鐵鍋、鐵鋤、陶甑，是他自己打造的嗎？」

「不，是他拿糧食換來的。」

「奇怪！許君也去市場交換東西 —— 也罷，交換要雙方自願，誰也不傷害誰。」

孟子稍作停頓，轉換話題說：

「許君為什麼不自己做陶甑，自己打鐵做鍋、鋤呢？自己做了，家裏樣樣齊備，想用什麼就拿什麼，多方便！省去到市場上跟別人交換，多麻煩呀！」

「不行！一個人不能包攬那樣多的事情，各有專責、各司責事才行。」陳相老老實實地說。

孟子想：好呀！你終於把自己逼到論辯的拐點上來了——一個人不能包攬許多事，難道國君就可以？

孟子正色道：

「你說的太對了！農夫不能兼幹鐵匠、陶瓦匠的活；執政者也一樣，他不能一面忙著國家大事，一面又去種地、打鐵，做農具，生火做飯。不光滕國國君，任何國君都沒法顧得過來。執政者和小民各有各的工作。自古以來，都是執政者勞心，小民勞力；執政者料理國家大事，小民生產糧食養活執政者。」

孟子開始講起了歷史，告訴陳相，堯如何發現和起用舜；舜如何發現禹，又讓禹治理洪水，禹治水八年，忙得三過家門而不入；舜還讓后稷教民稼穡，讓契教化民眾等等。

孟子總結道：

「執政者責任重大，工作很不輕鬆。最難的，是發現和正確使用人才。做好這兩件事大有利於小民，是最大的仁德。治理一個國家不容易啊！我們能要求執政者包攬公和私、大大小小的一切事情嗎？」

陳相默默不語，他在思考孟子的話。

孟子毫不客氣地批評道：

「你不能背叛自己的老師呀！你的老師陳良雖然出生於蠻夷之地的楚國，但他熱愛並且虛心學習中原文化，他鑽研先聖周公、孔子之道，連很多中原學人都趕不上他。如今他一去世，你們就不顧幾十年的師生緣分，背棄他，以許行為師。許行是什麼人？蠻夷之地的人，說話都怪腔怪調。自古以來，只有落後地區向先進地區學習，提升自己的文明水準，哪有反過來的道理！忠於師道是十分重要的品德。你知道孔子的弟子是怎樣敬愛老師忠於老師的嗎？孔子辭世，弟子守孝三年，期滿之日，大家相對泣別。子貢留下來，在老師的墳墓旁，搭建茅屋又守孝三年。弟子們覺得有若身材高大，長像酷似孔子，有意推舉他繼任導師。曾子堅決反對說：『絕對不行！老師的偉大無人能比。他老人家一生行事無可指摘，品德之高尚純潔猶如被大江大河的水漂洗過，被夏日烈陽曝曬過。』你今天的表現比曾子差多了，很令我失望呀！」

陳相滿臉通紅，說不出話來。

過了一會兒，陳相又提出一個話題：

「許子的說法也有他對的一面吧！許子主張市場交換，使用固定的同一標準定價：布匹絲綢不論長短，麻線絲綿不論輕重，五穀不論多少，鞋子不論大小，都定出同一價格。大家互不欺詐，連小孩買東西也不會被騙，那多好呀！」

孟子嚴詞駁訴：「那樣會好嗎？物與物存在差異，是客觀存

在的普遍現象。市場交換不區別差異，強行使用同一個價格，大家都會去搶多的、好的，那少的、差的誰要？再說人們還會以次充好，以少頂多，弄虛作假，相互欺騙，天下大亂呀！用這樣的辦法治國，豈不誤了大事！」

許行幻想出一種貌似公平絕對平均，囊括社會政治、市場交換的生活方式，繪製了一幅完全無法實現的烏托邦圖景。孟子批評得對，揭露得好。但陳相明白自己被騙了嗎？

　　本文根據《孟子》之〈滕文公上〉相關內容編寫。

07 不是同路人
來到魏國

有人告訴孟子：魏國的國君魏惠王重金延攬淵博賢能之士。鄒衍、淳于髡等名噪一時的學者已經去了魏國。

魏惠王為什麼在這時有這樣的動作

這件事要追溯到半個世紀前。

五十年前，魏國國君擊逝世，大位空缺。他的兩個庶子罃與公中緩本來就為爭奪太子位互不相讓；現在，公中緩更加緊行動——他派人聯絡韓、趙兩國出兵，助自己一臂之力。誰知韓、趙對魏的政策產生了分歧，包圍魏都的韓軍先行撤走。罃終於繼位為君。從此，罃對韓、魏兩國恨之入骨。

罃即位後，第九年從靠近西部邊境的安邑遷都大梁（今河南開封），並自立為王，又出兵侵趙攻韓。經過二十多年的經營，國力壓倒諸雄。西元前344年，他率十二諸侯會見周天子，稱霸，雄極一時。

誰知接下來的馬陵一戰，魏軍敗在齊軍手中，元氣大傷。十年後，從西元前333年到329年，五年內五敗於秦，丟失了大片土地。

馬陵之戰，魏國失敗的原因在於他的對手決策者智謀過人。齊國軍師孫臏巧用兵法，輕取魏軍。

其實，數年前桂陵之戰，魏軍就領教過孫臏的韜略。

當時，魏惠王（魏罃諡號惠，因遷都大梁；《孟子》裏又稱魏惠王為梁惠王）為報舊仇，出兵伐趙。趙求救於齊。孫臏向齊國統帥田忌獻計說：「救兩軍交戰之危，如同解兩人格鬥之難。如果為幫其中的一方，把自己直接捲進去，那是笨辦法。不但達不到目的，反而傷了自身。巧妙的做法是避實就虛，攻一方於不備。如今魏軍以精銳之師北上侵趙，必漸疲憊，留守大梁的老弱殘兵也一定困乏不堪。我若向西南方向進軍，直逼大梁，魏軍必南下支援。不但趙都邯鄲之圍可解，而且回師支援的魏軍也完全暴露在我軍面前。我們只要找到合適的地點和時間，就可以全殲魏軍。」田忌採納了孫臏的意見，大敗魏軍於桂陵（今山東河澤東北）。

馬陵之戰則是魏軍攻韓。

韓求救於齊，齊軍仍舊南下進逼大梁。魏軍軍師龐涓聞訊領軍北上，企圖消滅齊軍。孫臏向齊帥田忌獻計道：

「魏軍強悍勇武，向來小看齊軍，認為齊軍膽小怕死。我們不如將計就計，進入魏國境內後，製造我軍傷亡慘重的假象，然後尋找合適的地點，設下埋伏，等待時機，打他一個殲滅戰。」

田忌大喜，命令部將依軍師命令行事。

入魏境後，第一天休息時埋鍋作飯，設灶十萬；第二天減至

五萬；第三天減至三萬。十分了解龐涓性格的孫臏料定龐涓一定
會心急如焚，兼程北上尋找戰機消滅齊軍，他估算三天後可以與
魏軍相遇，便在三天後魏軍可能到達的地域內考察地形。最後敲
定馬陵（今山東濮縣北）。

馬陵是南來北往必經之地。上有大山，下臨深谷。澗水飛流
直下漫過蜿蜒狹窄的山路。在這裏設下埋伏，可以收一夫當關萬
軍難越之效。孫臏當即挑選一萬名神射手在谷盡入山林處設伏，
又將迎面而立的一棵大樹削掉一大塊樹皮，上寫「龐涓死於此樹
之下」八個大字。

說時遲，那時快，心急火燎的龐涓陪同統帥太子申策馬疾
行，後面尾隨著包圍韓都與韓軍作戰多日的大軍。他們一路追尋
齊軍的去向，卻始終沒有發現對方的蹤影。

這天夜間，魏軍行走在馬陵的山路上。

漆黑的夜，伸手不見五指。只聽得流水淙淙作響，偶爾有一
兩隻驚鳥撲閃撲閃翅膀從頭頂飛過。靜！死一般可怕的寂靜。士
兵們互相提醒：小心路滑，一失足摔下山去小命就沒了。

突然，隊伍最前面探路的士兵驚叫起來：

「這樹上有字！不像路標！」

龐涓聽到報告，急忙趕到前面，命令鑽木取火，點燃火把，
照看樹上的字──卻原來是「催命符」：

「龐涓死於此樹之下。」

龐涓突然明白過來，知道自己中了孫臏的計。

他與孫臏本是同學，因為嫉妒孫臏的才華，將孫臏騙來魏國，羅織罪名，剜掉他的膝蓋骨，在他臉上刺字，沒料想孫臏得到好心人幫助，祕密會見訪魏的齊國使者，被帶回齊國，為田忌收留重用。

龐涓沒料到自己最終還是敗在孫臏手下。他仰首望天大叫：「天亡我也！」

剎那間，齊軍伏兵萬箭齊發，魏軍大亂。龐涓拔出刀來自盡，口裏喊道：「孫臏，我成就你小子了！」魏太子申當即被俘。

消息傳到魏國宮中，魏惠王既傷心又憤怒。這樁夾雜著孫、龐二人私仇導致齊勝魏敗的惡戰，成為魏國實力大滑坡的拐點，反過來又激發了魏惠王雪恥復仇的決心。

他一定要報仇！一定要洗雪國恥！這就是魏惠王招攬賢士謀中興之策的原因。

孟子卻把這當做實現他政治理想的又一次機會。

魏惠王雖然已是年邁之人，但雄心未減，精明依舊。魏國地廣人多，實力非滕國所能比。

也許孟子這一次選擇是正確的？

孟子終於來到了魏國

魏惠王久聞孟子才識過人。他請孟子進宮，還沒等對方坐定，就急切地說：

「老先生，您不遠千里而來，有何良策以利敝國發展，請速

速道來。」

魏惠王急不可耐的心情溢於言表。孟子聽了覺得不是滋味，便微微笑道：

「大王一開口就說『利』，這又何必呢！如果貴國從上到下，從官到民都『利』字當先，那麼從下到上，從民到官殺死對方的事件將會層出不窮了。還是講仁義好啊！講仁德的人絕對不會拋棄他的父母，講道義的人絕對不會背叛他的君主。」

魏惠王聽罷一愣──沒想到孟子的回答如此不著邊際。他連忙切入正題：

「老先生，我國實力強大您是知道的。但近些年來，戰事連連失利。與齊國交手，連寡人長子的性命都賠進去了；同秦國作戰，丟失了大片土地；連南方的楚蠻之國，都欺侮到寡人頭上來了。寡人實在嚥不下這口氣！寡人一定要洗雪國恥，為死難者報仇。請問先生，寡人該怎麼辦？」

孟子進宮前就料到魏惠王會提出這個問題。他不慌不忙地回答道：

「這事好辦！大王只要施行仁政，給民眾以實惠，安民富民，讓年輕力壯的人勤修農事之餘，能致力道德修養：孝順父母，敬事君上。我想即便讓他們掄起棍棒也可以與秦、楚強敵決一死戰的。而對方只顧強拉民伕，擴充軍力；年輕力壯的人既無法耕種田地，又無力奉養父母，老幼凍餓，家人離散，誰肯為他們的國君賣命！到那時，大王出兵必勝，正所謂『仁者無敵於天

下』！」

孟子言之鑿鑿，魏惠王卻半信半疑——「仁政」有那麼大魔力？老百姓會自動跑來為你送命？

過了些時日，魏惠王又邀請孟子進宮。這一回討論的是一個更具體的問題。

「老先生，上次您說到給百姓實惠，寡人平時這方面確實用力頗勤。每逢災年，寡人便將歉收地區的百姓遷往豐收地區，並給災民發放救濟糧。鄰國施政遠不如敝國。為何敝國人口未見增多，鄰國人口亦未減少？」

魏惠王關注人口問題，是有道理的。農業社會，人力資源極其寶貴，農耕，打仗，都需要人。人少則力薄，並影響國勢。魏國地處黃河中游，四鄰有齊、秦、楚等強國。這些國家的國君都非等閒之輩，野心不小；尤其齊國，齊國歷代國君都對魏國虎視眈眈。秦、楚兩國人口多於魏，齊國人口與魏相當。魏國人力不佔優勢，地勢平坦可守之險也不多；如果長期作戰，兵源枯竭之日，也就是社稷易手之時。

孟子對這個問題的看法，角度大為不同。他認為人的生命最為寶貴。民眾是國家的主體——「民為貴，社稷次之，君為輕」，他們應當得到重視，首先是他們的生命，還有他們的意願和力量。國君如果忽略這些，單純考慮他們的數量，利用他們當炮灰，那就與「仁政」背道而馳了。這樣的國君，老百姓會跟他一條心嗎？不行！不能把話題停留在人口數量上，必須回到施政

的根本方針──「仁政」上來。

　　孟子靈機一動，想到了一個比喻：

　　「大王擅長軍事，請讓我講一個作戰的故事。戰鼓一響，兵刃交接，有一方立即敗退。敗軍中跑得慢的譏諷跑得快的膽小怕死：『瞧瞧！瞧瞧！我只跑了五十步，你們卻逃跑了一百步！』請問大王如何評價這種說法？」

　　魏惠王忍不住笑了：「五十步，一百步，不都是逃跑嗎？有什麼區別！」

　　孟子立即接上話題：

　　「大王說得好！大王的救災措施與不施『仁政』相比，也是五十步與一百步的差異，沒有本質上的不同。施『仁政』首先要安民──根據生產規律調整政策，保證不違農時；根據漁、林本身發展態勢頒佈政令，禁止捕盡砍絕，等等。這樣民眾就可以獲得起碼的生活資料，安下心來過日子。

　　「這僅僅是王道政治的第一步。接下來應該保證家家戶戶有五畝地的宅院、一百畝的可耕地，讓他們能按照自己的計劃在自己的住地和田土上種桑養雞，培植莊稼。然後官府對民眾施以仁義、孝悌之教，提高他們的道德素養。如此人人無凍餒之患，老人受到尊重，幼兒有人撫養。到那時天下歸順指日可待。

　　「然而當前富人家拿莊稼人的口糧去餵牲口，頭頭牲口膘肥體壯，莊稼人反倒因缺糧而餓死，屍體遍野。面對如此慘象討論人口增長有什麼用！消除民眾凍餒之苦，必須改革施政，行王道

之治,才能從根本上解決問題。大王以為何如?」

見魏惠王沉吟不語,孟子進一步說:

「大王有沒有想過,富人如此富裕,窮人如此窮困,這等於官府放出一伙野獸來吃人哪!野獸自相吞噬,人們看了都覺得噁心,何況野獸吃人呢!當年孔子見到以土、木製造人俑殉葬,還斥責過:『第一個做人俑陪葬的,會斷子絕孫的!』孔子是重視人的生命哪!為官者怎麼可以不顧民眾的死活呢?」

孟子之所以對魏惠王強調重視民眾的生命,固然出於他一貫的理念,同時也因為他看到了魏國施政弊端的根子,不在下面的官吏,而在國君一人。魏惠王眼裏的民眾,只不過是給他生產糧食尤其是打仗爭權奪地的工具。他只知道驅趕老百姓去賣命,甚至把他最親信的子弟兵送上前線。孟子曾對他的學生說過:「魏惠王是最不道德的人。有仁德之心的人將他施與所愛者的恩德推及所不喜愛的人;沒有仁德之心的人恰好相反。魏惠王就是後一種人。他可以把自己最親信最喜歡的子弟兵送去當炮灰,就像他逼著平民百姓去送命一個樣。」

時間一天天過去,孟子又看到了魏惠王的另一面──除喜功好戰外,他還追求享樂並以此為榮。

魏惠王與孟子有過一次這樣的談話。

花園。

陽光和暖。花草噴香,圍繞池塘。池裏魚游淺底,池水倒映出岸上的樓臺亭閣。

魏惠王心曠神怡。

他頭也不回，問站在身旁的孟子說：

「品德高尚的人也有這樣的樂趣嗎？」

孟子聽出了話裏的諷刺意味，他巧妙地回答道：

「當然！有德者肯定會以此為樂。不過，品德低劣的人縱使具備這樣的條件，他也不會感到快樂。周文王經營靈臺，民眾參與建造。建成後文王與民眾一同在園中游玩，大家都十分快樂。夏桀就不同了，他實行暴政，草菅人命。民眾詛咒他：『太陽啊，你什麼時候滅亡！我願跟你一道死去！』百姓這樣痛恨夏桀，夏桀即便能終日歌舞，他會快樂嗎？」

魏惠王無言以對。

孟子看明白了，道不同不相為謀，跟這樣的人還能說什麼呢？

魏襄王不像個國君

西元前319年，魏惠王逝世。他把他的復仇計劃帶進了棺材，永遠埋到了地下。

接替惠王大位的嗣（後謚襄。《孟子》裏稱梁襄王）面臨的是一大堆問題：國外，強敵四伏；國內，鐵腕君王逝去，留下政治真空，人心浮動。魏襄王渴望社會安定以鞏固自己的權位。

他曾請教孟子：

「天下怎樣才能安定？」

孟子回答說：「天下統一了才能安定。」

「怎樣的人能統一天下呢？」

「不喜歡殺人的國君才能統一天下。」

「什麼人願意跟隨這樣的國君呢？」

「天下人都願意跟隨他，服從他。如今各國君王，沒有一個不喜歡殺人的。如果有一個人反其道而行，那天下人還不跟定了他！這樣的情況，就像時雨潤澤作物禾苗旺盛生長，水勢就下哪裏低窪就流向那裏一樣合乎常理。」

孟子這些話，魏襄王聽懂了嗎？聽進去了嗎？

不知道！

不過孟子見魏襄王出來後發過這樣的議論：

「這哪像個國君！一點國君的樣子都沒有！」

是的，孟子看穿了這一對父子，這兩人都是卑瑣之輩，與自己根本不是同路人。

本文根據《孟子》之〈梁惠王上〉、〈離婁上〉、〈盡心下〉以及《史記》之〈孫子吳起列傳〉，范文瀾《中國通史》第一冊相關內容編寫。

08　舊地重遊，又一次期待和無奈
再來齊國

　　孟子師徒又一次來到齊都臨淄。

　　舊地重游，臨淄繁華依舊。行人擁擠，仕女如雲，商舖作坊林立，車輛來往穿梭──比十餘年前似乎有過之而無不及。

　　也許這是馬陵之戰的影響。馬陵一戰，齊大勝魏，大大提高了齊國的聲望，連韓、趙兩國也派使者前來示好。齊國與其他各國的商貿往來更加順暢，更加頻繁。

　　更值得一提的是稷下學宮的興旺。稷下學宮始建於田齊桓公時期（約西元前360年左右）。因位於臨淄名叫稷門的西城門附近而得名。旁倚系水：河水清幽，漣漪蕩漾，映照出岸上的綠樹高牆。微風吹來，隱約聽得見學士們論辯談笑的聲音，這一時期，因為齊宣王的大力扶持，各地學者紛紛趕來相聚，多達千人。不論國籍、學派、年齡、資歷，都可以自由發表意見，著書立說。儒、道、墨、法、名、陰陽諸家代表人物七十六人被授以上大夫職銜，雖不能直接過問政事，但可以給朝廷獻計獻策，闡述自己的施政理念。學宮興旺此時達到了頂點。

　　若要問齊宣王為什麼這樣扶持學宮，讀者一定能猜想得到

這位不甘寂寞的國君要趕當時「養士」之風（註1）的時尚聚人氣，擴實力，為自己的霸業再添一塊磚，加一片瓦。

孟子正是在這樣的情況下再次來到齊國的。這時他年已花甲，但他仍希望能趁這樣的大好形勢得到一次圓夢的機會──也許這是最後的一次機會。

孟子這時已是蜚聲各國的大學者，齊宣王不敢怠慢，親自迎接他在自己的離宮（相當於今天所謂別墅）雪宮住下。雪宮始建於二百多年前，因位於雪門外而得名。當年，晏嬰就曾在這裏被齊侯接見。齊宣王大力擴建，方圓達四十里。經過疏浚後的池沼，接通宮外的河水，清澈見底。園內有臺，長三十米，寬五十米，高達五米。登臺俯瞰，迴廊與館閣相連，果樹簇擁，鬱鬱蔥蔥。夏秋季節，葉綠果紅，芳香四溢。雪宮是齊宣王休息娛樂的地方，平時沒有人能進到這裏面來。宣王把孟子安排在這裏居住，除表示尊重外，還希望能在一個不受干擾的環境裏與孟子暢談國事。

第一次交談是這樣開始的

一個誠心討教，一個毫不保留。氣氛良好。

註1：范文瀾《中國通史》第一冊中記錄當時養士之風稱：如齊國孟嘗君、魏國信陵君、韓國平原君、楚國春申君門下都養士三千人以上。所謂「士」包括學者、辯士、專業術士、勇武之人，甚至雞鳴狗盜之徒。《史記》為以上「四君」所撰『列傳』中記有關事例甚詳。

齊宣王說：

「難得見到先生並聆聽教誨，寡人想瞭解齊桓公、晉文公治國的好經驗，先生能否賜教一二？」

齊桓公、晉文公是春秋時期的霸主。他們的事蹟，《春秋》及「三傳」（《左傳》、《公羊傳》、《穀梁傳》）都有記載。戰國時期知道的人也不少。齊宣王提出這樣的問題，無非是希望孟子能分析他們的作為，指點成霸的捷徑。

孟子願意回答這樣的問題嗎？當然不願。他岔開了話題：

「我的老師沒有傳授這方面的知識，我沒法回答大王的問題。如果大王想知道統一天下的道理，我倒能說上幾句。」

齊宣王非常高興：「好啊！請先生說說。」

「只要保有民眾，就能統一天下，誰也阻擋不了！」孟子見齊宣王聽得認真，便進一步解釋道：「保有民眾，就是為了民眾，擁有民眾。」

「我能夠做到這一點嗎？」

「當然可以啊！」

孟子不慌不忙地說開了他所聽說的一件事。齊宣王親眼見到侍臣牽一頭牛去祭鐘。那牛似乎知道自己小命不保，哆哆嗦嗦，不停地慘叫。齊宣王見了於心不忍，吩咐放了牛，換一隻羊。羊也是一條生命，但好歹眼不見心不煩。可傳出去以後，很多人說他只是小氣。羊小牛大，以小易大，不是小氣是什麼？齊宣王知道了很不高興──怎麼能這樣理解？自己是那種小氣人嗎？

「大王，在下非常理解您當時的心情。大王具有惻隱之心、仁德之心。在下以為大王有這樣仁德之心，就可以統一天下了。」

齊宣王很高興地說：

「先生說得真好，正合我的心意。可是我不明白，為什麼我有這種心境就與統一天下之道相吻合，就能統一天下呢？」

孟子很明白齊宣王的宿願——主霸中原進而統一天下。他這個問題背後所隱藏的其實是另一個問題——自己經營多年，為什麼還沒能坐上一統天下的寶座。

孟子直接了當地說：「大王施恩於禽獸，卻沒能加惠於百姓；大王之沒有統一天下，是沒有去做，而不是不能做。就好像自稱能舉三千斤，卻拿不起一根羽毛，自稱能看清秋天小鳥身上的細毛，卻看不見一車木柴——這種人並非不能，而是不去做，是不為。」

「不為與不能，有什麼不同的表現？」

「有呀！」

孟子耐心地舉例說明，說用胳臂夾著泰山飛越北海做不到，是不能；說折根樹枝給老人當枴杖，做不到，是不去做，是不為。孟子直言道：「大王就是後一種人，沒有施行仁政，所以至今還沒統一天下。」

孟子接下去說：「行統一天下之道關鍵在推恩。就像平日生活中尊敬自己家的老人同時也尊敬別人家裏的老人，疼愛自己的孩子同時也疼愛別人的孩子一樣。只是我不明白，大王既然對一

條牛可以大發慈悲，為什麼不能將愛心施加給自己的子民呢？」

「在下不知道大王平時心裏想些什麼，只有大王自己最清楚。難道大王覺得調動軍隊命令士兵拼死沙場跟別國士兵廝殺最痛快嗎？」

「當然不是！」宣王立即否認，接著說：「我有更遠大的設想。」

「我可以分享大王的設想嗎？」

齊宣王笑而不答。

孟子知道自己已經一步步將話題逼近了核心，但對方城府太深，故意隱藏內心的詭秘。好！我再逼你一步：

「我知道了，大王是未嚐夠可口的美味，未見夠絢麗的色彩，未聽夠悅耳的樂曲，伺侯大王的人還不夠貼心，是嗎？」孟子又轉換口氣說：「但是，這一切大王的臣下都能遵旨辦好的呀！難道大王的遠大設想就是追求高品位的生活享受？」

「當然不是！寡人所想的不是這些。」

孟子暗自心喜。對方的再次否認給了自己捅破窗戶紙點明問題核心的機會：

「我知道了，大王的遠大設想，大概就是讓秦、楚這樣的大國臣服，登上天下盟主的寶座，令四方蠻夷之民都來歸附，對吧！」

孟子又進一步說：「不過以大王現在的做法要想實現這樣的願望根本辦不到，那叫做緣木求魚！」

「為什麼是緣木求魚呢？」

「豈只是緣木求魚！爬上樹抓魚雖然抓不到魚卻不會留下後患。大王現在這樣做，竭盡心力不說，還將後患無窮。」

「寡人想聽聽先生的解釋。」

「請問大王，如果鄒國跟楚國作戰，哪一方會勝？」

「當然是楚國。」

「對呀！可見小國、弱國、人口少的國家不可以跟大國、強國、人口多的國家作戰；否則一定會失敗。現在天下土地約九百萬平方公里，貴國只佔其中九分之一。貴國若與其它各國作戰，命運將同鄒、楚之戰中的鄒國一個樣。大王何不推行王道實施仁政呢！

「推行王道實施仁政，普天下的宮員都會願意到大王的朝中來做官，農夫都會願意到貴國來種地，商人都會願意到貴國來做生意，連旅客都會願意借道貴國。各國臣民都痛恨他們本國的君主，會願意來歸附大王。到那時，這種勢頭誰都擋不了！」

齊宣王聽得半信半疑——「王道」、「仁政」會有那麼大的魔力？他所想的只有一點，就是讓孟子幫幫自己實現設想。他說：

「我糊塗了！『王道』、『仁政』怎麼能產生那樣的效果。我想請先生幫助我，告訴我怎麼做，我願意試試！」

「常言道沒有固定的產業卻具備一定的道德觀念奉行公認的行為準則，只有知書達理的士人才能做到，一般民眾是做不到的。做不到就會無所不為觸犯刑律。到那時，官府不可能不定他

的罪，不判他的刑，這不等於害了他嗎？仁德之君是不會這樣做的。仁德之君一定會想辦法讓老百姓擁有自己的產業：家家戶戶有五畝地大的宅院，一百畝可耕地。他們可以按照自己的意願養雞、鴨、狗、豬，栽桑麻，種莊稼，官府絕對不加干涉。他們不僅不會挨餓受凍，還能吃上肉，穿上好衣服；即便遇上災年，也不會餓死。與這同時，官府還辦學校，開導民眾孝順父母、敬愛兄長。到那時人人向善，社會和諧，大王讓天下人歸順，實現統一大業就是輕而易舉的事了。

「可是現在老百姓那一點可憐的家業，瞻養不了父母，養不活妻兒子女。年成好，一年忙到頭，辛苦得很；年成不好，沒吃沒穿，死路一條，救自己的命都來不及，哪顧得上學習禮義。大王可要三思啊！」

齊宣王陷於沉思中。

此後，孟子與齊宣王多次這樣交談

齊宣王諮詢了內政外交許多具體問題，孟子都一一回應。

齊宣王問：「與鄰國打交道該怎麼做？」

孟子說：「大王所問外交政策可以借鑒先王的做法。古聖先王外交之道可分兩類：以大事小和以小事大。前者如商湯與葛伯的交往。商與葛國相鄰。葛很小，葛伯從不祭祀鬼神。湯王派人去問，葛伯回應說，沒有牛羊上供，湯王送上牛羊；對方又說，沒有稻米做祭品，湯王又派人去幫他們種稻米。後者如太王與狄

人的交往。周開國之初，太王繼承公劉的事業，初具規模。近鄰狄人十分強悍，覬覦周的土地和百姓。太王送去財寶，一批又一批，希望百姓免遭殺戮。湯王是仁德之君，太王是明智之君。智者可以安國，仁者足以安天下。」

齊宣王皺起了眉頭：「先生說得好。可是我辦不到。我好勇武；讓我低下頭服侍別國君主，我辦不到！」

孟子說：「大王好勇武很好呀！但勇有小、大之別。手握劍柄瞪大眼睛說：『誰敢招惹我！』這只能嚇唬一個人，是小勇，匹夫之勇。大勇之人一怒而安天下。例如文王。密人犯周，先攻與周相鄰的小國阮和共，又進軍莒國。周民人心惶惶。文王大怒，一舉滅密，造福周民。有詩讚頌道：

密人辦事太桀驁，
竟敢冒犯我周邦，
侵阮襲共真猖狂！
文王一怒震環宇，
調集大軍上戰場，
阻止敵軍向莒闖，
周民福祉得鞏固，
民心安穩定四方。

還有當年商紂暴虐無道，武王率軍滅紂。此舉正合《書》經所說：『天降眾生，也降下君主和老師。君主的責任就是協助老天保護百姓，安無罪，誅有罪，誰也不能違規。』武王也是大勇之

人。希望大王做大勇之人。」

＊　　　　　＊　　　　　＊

齊宣王又問：「泰山明堂，當年天子東巡在那裏會見諸侯，現在廢棄不用，人們議論紛紛建議拆掉，先生說怎麼辦。」

孟子說：「明堂是一座標誌性建築，象徵意義大。有德之君統一了天下在那裏行使職權。大王如果要效法古聖先王實行王政，就不該毀掉它。」

一聽說王政，齊宣王就來了興致，他忙問：

「古聖王是怎樣實行王政的？」

「王政嘛，文王是這樣做的：向農民徵稅九抽一；官員俸祿世代承襲；下湖捕魚不加禁止；犯罪判刑不牽連家人；惠民政策向鰥、寡、孤、獨傾斜，他們是弱勢群體，可憐之人。」

「太好了！——可是，可是寡人很難做到。」

「為什麼呢？」

「我有個毛病，寡人太愛財，捨不得。」

「愛財有什麼不好！愛財也是好事，只要與老百姓共享就好。當年公劉也愛錢財，有詩寫他與老百姓一道——

劃分疆界整田土，

收割糧食裝進倉。

揉麵蒸餅備乾糧，

裝滿小袋和大囊。

　　張弓帶箭齊武裝，

　　盾戈斧鉞拿手上；

　　開始動身奔前方，

　　和睦團結爭榮光。

如果大王像公劉那樣與百姓共享財富，老百姓居家餘糧滿囤，出行能帶足乾糧，實行王政有什麼困難呢？」

　　「不行！寡人還有個毛病，寡人喜歡女人。」

　　「喜歡女人也沒錯呀！以前太王古公亶父很愛他的妃子。詩句寫道：

　　古公亶父遷居忙，

　　清早快馬離齒鄉。

　　他與妻子太姜手牽手，

　　沿著渭水向西走。

　　岐山腳下土地廣，

　　勘察地形好建房。

太王與妻子形影不離；他也十分關心老百姓的婚姻生活，無論男女，都能找到自己心儀的伴侶，相伴終生，幸福美滿。大王若能像太王那樣，自己喜歡女人，也讓百姓擁有享受幸福婚姻的權利，實行王政有什麼困難呢？」

　　　　　　＊　　　　　　＊　　　　　　＊

　　齊宣王問：「文王的獵場縱橫各七十里，寡人的獵場只有四十里，比文王的小多了，老百姓還認為寡人的太大，這是為什

麼？」

孟子說：「文王的獵場允許割草的、打鳥捕獸的人自由出入，那是他與民眾共享生活樂趣的地方。民眾不但不認為它大，反嫌它小。大王的獵場確實比文王的小很多，但大王有令說進入其中捕殺麋鹿的與殺人同罪；大王的獵場簡直就是老百姓的陷阱啊，老百姓認為它太大，不是很自然的事嗎？」

孟子知道這件事不在於獵場面積大小，它從一個側面反映了齊宣王只顧個人享樂，沒能像文王那樣與民眾共同享受生活的樂趣。

齊宣王喜好歌舞，孟子曾就此事切入開導過他。

孟子說：「聽說大王喜好歌舞。」

齊宣王顯得不好意思：「寡人只是愛好當今流行的歌舞，不是古聖先王演奏欣賞的歌舞。」

「沒有關係呀！喜好流行的歌舞或者古代的歌舞都一個樣。」孟子話題一轉，問道：「只是我想請問大王：一個人欣賞歌舞跟與他人共同欣賞相比，同少數人欣賞歌舞跟與很多人欣賞相比，哪種方式更快樂？」

「當然與他人一道、與很多人一道欣賞歌舞更快樂了！」

「對！無論欣賞歌舞，還是出遊打獵，只要大王能做到與民同樂，與民眾共享生活樂趣，齊國就會興旺發達了。試想，大王的宮殿傳出鼓樂聲，老百姓聽到了奔走相告：『咱們大王很健康啊！你聽他在奏樂呢！』大王外出遊獵，車鈴響，馬嘶鳴，老百

姓聽到了也歡欣鼓舞為大王祝福，那是多麼動人的事情！大王與民同樂，就贏得了民心，就能令天下人歸附。相反，如果老百姓聽到大王歌舞遊獵的消息，就怨恨，就詛咒，那情況就太糟糕了。不是嗎？」

相關的話題是一次齊宣王去雪宮看望孟子時提及的。當時正值金秋，水流潺潺，鳥鳴婉轉，成熟了的蘋果發出陣陣清香。

這是多麼令人愉悅的季節！

齊宣王興致極高。他陶醉在自己親自下令營造的美景中——美呀！天上人間！天上人間！

他情不自禁地問身旁的孟子：

「品德高尚的人也會享受這樣的樂趣嗎？」

孟子一聽，立即想起一年前與魏惠王在一起的事情。一年前，魏惠王也提過相同的問題。

真奇怪！國君們都自得於獨享遊樂，將責任、道德與享樂對立起來，甚至鄙視重視道德自律的人。他們是否想過：自己享受快樂的時候，天下很多人正在水深火熱中煎熬！他們是否想過：他們所津津樂道的快樂正是建立在天下人痛苦的基礎之上的！

孟子心裏很不是滋味。他耐著性子回答道：

「當然！如果他沒有機會享受這種樂趣而責怪他的國君，那是錯誤的；國君享受這樣的樂趣而不與他的子民共享，那也是錯誤的。以天下人的快樂為快樂，以天下人的憂慮為憂慮，天下人也會與他共憂樂。樂以天下，憂以天下，這樣的國君將受到天下

人的擁戴。」

　　孟子打算把齊宣王拉回仁政的正道上來，他不想放棄自己曾經多次做過的努力。於是他講起了齊國的一段往事：

　　「當年齊景公以南下巡遊到琅邪山一事諮詢晏子。晏子辨析了天子『巡狩』（天子視察諸侯的工作）、諸侯『述職』（諸侯向天子報告工作的情況）的概念，並且強調二者必須定位於工作，還引用夏朝的諺語說明老百姓盼望天子巡遊能給他們帶來實惠。夏諺說：

　　我王不巡游，

　　休閒向誰求？

　　我王不巡游，

　　補助哪會有？

　　巡一巡，

　　遊一遊，

　　諸侯照辦須遵守。

晏子又指出當時諸侯巡遊的諸多弊病：吃喝玩樂，浪費糧食，虐待百姓，違背天意；勸諫齊景公力戒『流』（從上游到下游遊樂忘歸）、『連』（從下游到上游遊樂忘歸）、『荒』（無休止地打獵毫不厭倦）、『亡』（饑酒無節制）。齊景公很高興，立即改變做法，充分準備後，駐紮郊外，發錢糧給窮人。君、民皆大歡喜。」

＊　　　＊　　　＊

孟子看清齊宣王的「毛病」──好勇武、貪錢財、愛女色、戀遊樂都是只顧個人享樂，都是實行仁政的障礙。他一次又一次用先聖的事例勸告宣王回到正道上來，端正心態，將天下老百姓裝在心中。

齊宣王聽進去了嗎？

收效不大。

孟子仍然委婉地進諫：

「托付朋友照看自己的妻兒子女，朋友卻讓他們挨餓受凍，請問大王，對這樣的朋友該怎麼辦？」

齊宣王毫不猶豫地說：

「跟他絕交！」

孟子又故意問：「管刑獄的官員不能管理他的下屬，該怎麼辦？」

「撤掉他呀！」

「一個國家治理得不好呢？」

齊宣王左看看，右看看，把話岔開了。

這就是齊宣王──孟子寄予期望卻很難正視自己問題的齊宣王！人哪，說別人很容易，揭自己的短卻那麼難！人多麼渺小，多麼脆弱啊！

孟子忍不住了。

他直接了當地批評齊宣王：「大王不能強迫別人拋棄他固有的見解跟您亦步亦趨！」「大王身邊已經沒有親近可靠的人了！」

齊宣王問起商湯王流放夏桀、周武王討伐殷紂的史實，質疑臣子殺害君主的正當性。孟子說：

「缺乏仁德之心的人叫作『賊』，不講道義的人叫做『殘』。『殘』『賊』之人叫做『獨夫』。我只知道歷史上有過殺死『獨夫』紂的事，沒聽說殺害國君紂的！」

孟子直接了當地告訴齊宣王：

「君之視臣如手足，則臣視君如腹心；君之視臣如犬馬，則臣視君如國人；君之視臣如土芥，則臣視君如寇仇。」

這話是孔子也不曾說過的。孔子只是說：「君使臣以禮，臣事君以忠。」雖然孔、孟都認可君、臣的互動關係，主導者都是君；但孟子以更激烈的語氣強調了臣的個體價值和尊嚴。「說大人則藐之」是孟子固有的態度。在諸侯們、高官們面前無需低頭彎腰。抬起頭來！挺起胸來！我具有仁德，我持有道義，我遵循禮制！這一切他們都沒有，他們算什麼！

這就是孟子！一個剛正不阿的孟子！一個既強調社會責任又看重個體價值和尊嚴的孟子！

然而事情還沒有壞到不可收拾的地步。

孟子和齊宣王關係急劇降溫，與燕國有關

西元前332年，燕易王登位，十二年後病逝，兒子噲繼位。噲起用子之為丞相。這時，蘇秦雖與子之是親家，但他曾與燕君噲的祖母私通，醜聞被曝光，害怕獲罪，他設法去了齊國。蘇秦的哥哥蘇代是子之的好朋友，蘇代也得到齊王重用，奉命出使燕國，總想幫幫子之。他在燕王噲面前極力貶低齊王的實力和作用，設法使這位新君放鬆對強大的鄰國的警惕，大大方方地做他的安樂夢，給好友子之留下篡權的空子。恰好這時有人在燕君噲耳邊出餿主意，讓君噲效法堯讓位給許由將君位送給子之。還有人編造故事說夏禹一方面讓位給伯益，另一方面又叫伯益起用兒子啟的心腹，讓君噲如法炮製送給君噲「定心丸」——你雖然讓位於子之，但你的兒子可以糾集舊部奪回大位。糊塗的君噲居然一一照辦，治國大權全部交給子之，年俸三百石以上官員的大印也如數乖乖地送到子之手中，大大方便了野心家糾集團黟行篡君權之實。可以設想，這時最得意的是子之，蘇代也從好友手裏得到了不少好處。

子之的腦袋熱昏了。他專權，霸道。於是，大臣不滿，百姓叫苦。三年後，燕國大亂。

這時，孟子已經再次來到了齊國。燕國亂象的由來和經過他看得一清二楚；他還知道齊宣王如何暗中使勁支持燕太子平和將軍市被聚眾起事以便自己渾水摸魚，從中漁利。誰知子之及其黨

徒強勁反擊，太子和將軍殉國，起事者遭到逮捕，並被誣蔑為「叛黨」。一時節，人心惶惶，民眾紛紛外逃。

如何看待燕國的內亂？如何評價子之等人？齊國人應該做些什麼？——這些問題全都擺在了齊國君臣面前。

齊國大臣沈同關注燕國局勢的變化。他以為燕國社會動蕩，齊國正好趁機下手。他私下問孟子：

「燕國鬧成這樣，可不可以討伐？」

孟子說：「當然應該！這事完全不合禮制。燕君同子之怎麼可以拿治國大權私相授受呢！比方說，您把國君授給的官爵俸祿私自送給別人，可不可以？當然不行！」

顯然，孟子認為，上天賜予、下民寄以厚望的君位並非私有物品，它的變換應該遵循禮制。燕君噲的錯誤已經釀成了災難，不討伐不足以平民憤，不討伐不足以救燕國之危，但應該由誰去執行這個神聖的任務呢？

沈同並沒有提及。後來有人質疑孟子的談話時，孟子就特地強調只有知天命、順天意的人才有資格去執行，絕對不能給別有用心的人留下機會。

另有所圖的人首先就是齊宣王。他認為吞併燕國的良機已到，立即派大將領兵攻打。燕人誤以為救星來到，城門洞門，士兵放下武器。燕君噲死，野心家子之逃亡。前後僅五十天，齊軍大獲全勝。

勝利令齊宣王頭腦發昏，他打算進一步行吞併之實，問孟

子道:

「齊、燕都是萬乘之國,寡人僅用五十天時間便大敗燕國。這是天意!天意!寡人想吞併燕國,但大臣們意見還不統一,先生意下如何?」

孟子認為這件事非同小可,他必須鄭重地提醒齊宣王:十字路口可別走岔了路。他說:

「吞併與否,一定要看燕國的民意。歷史上,兩國交戰,一國吞併另一國與否,都取決於民意。吞併的如武王,不吞併的如文王。他們都十分尊重民意。燕人簞食壺漿歡迎齊軍進入他們的都邑,是因為他們渴望齊軍幫助他們掙脫暴虐的統治。如果事實相反,甚至災難更加深重,他們就會認識到:命運依舊,只是施暴者換成齊國人罷了!」

可是齊宣王對錚錚忠言置若罔聞,仍然一意孤行,加劇吞併行動,諸侯聞訊,商議聯兵救燕。齊宣王急了,又來找孟子討主意。

孟子知道事情已經到了十萬火急的地步,他警告說:

「情況的確緊急!如果齊軍殺死燕人的父兄,燒毀他們的宗廟,搬走他們的寶器,招致燕國全民的反對,甚而令天下各國憤怒,聯合起來反對齊國,那都是情理之中的事。大王趕快下令齊軍停止暴行,送回俘虜,與燕國各方面人士協商,擇立新君,情況還有轉機。」

孟子又補充道:

「在下曾給大王報告過商湯與葛伯的故事。湯君住在亳地（今河南商邱北），與葛國為鄰（葛在今河南寧陵北）。葛伯十分囂張，不祭祀鬼神，推說沒有牛羊上供，沒有稻米做祭品。湯王一次一次地幫他，葛伯一次又一次地吃掉湯王送去的牛羊，奪走幫葛伯種稻禾的商民的酒肉飯食，商民不給，就被殺死。商民忍無可忍，湯王順民意興兵伐葛，天下人都很高興，說湯王不為財寶，而是伐無道，替老百姓報仇。民眾盼義軍，若大旱之望雲霓；軍隊沒去的地方，老百姓反倒抱怨：『為什麼不先到我們這裏來！』商湯是我們的榜樣啊！請大王三思！」

孟子說的是至理明言。他一向主張不輕言戰，和平有利民生。一到非戰不可時，就要牢記天時不如地利，地利不如人和；人和來自民心歸向。民眾擁護，維護民眾利益的是正義戰爭，反之是非正義戰爭。侵略違反道義，反侵略擁有道義。得道多助，必勝；失道寡助，必敗！

齊宣王聽進孟子的話了嗎？沒有！

結果可想而知。諸侯合力救燕，齊敗。趙國派人護送客居韓國的燕公子職回國為王。這就是在位三十三年之久招賢納士使燕國殷富起來的燕昭王。

齊宣王後悔沒有採納孟子的意見，他說：

「燕國的事情，在孟子面前，我十分慚愧！」

晚了！事已至此，慚愧還有用嗎？

令人費解的是，居然還有人為齊宣王辯護，大臣陳賈討好他

的主子說，沒關係，周公都犯過錯誤，誰的智慧能比得上周公。

陳賈指的是周公派管叔、蔡叔監管殷商遺民，誰料管、蔡居然聯合被監管者叛亂。孟子嚴正地駁斥了陳賈的謬論，指出：管、蔡是周公的親哥哥，他能不相信自己的至親骨肉嗎？他最初的任命有什麼錯？管、蔡後來變壞了，這筆賬能算到周公頭上嗎？周公的任命不違禮制，宣王侵燕是非正義的，兩件事根本不能扯到一塊。

孟子說：「可嘆哪！古人有過則改，民眾共仰。今天國君犯了錯誤，做臣子的不規勸他改正，反倒替他辯解。真是難以想象！」

孟子完全明白了：像齊宣王這樣野心勃勃完全不顧民意的人是不可能實施仁政的；他所率領的團隊也不可能幫助他走正路。這樣的君臣沆瀣一氣，沒有指望了。

他決心離開齊國。

他重新走進臨淄城，曾再次對這個東方大國懷有期望；如今，他只得再次無奈地離開。

齊宣王還是希望孟子留下來，承諾專門為孟子師徒建造房舍，提供萬鍾（約合今一萬三千石）年俸；但，孟子拒絕了。

孟子的弟子充虞問道：

「我們再次來到齊國，趕上稷下學宮這樣興旺的大好時光，仍然沒有得到從政的機會，先生，您灰心嗎？」

孟子笑了笑，說：

「我為什麼灰心！五百年必有王者興。從周至今已經七百多年，也該有聖王出現，天下該太平了！輔佐聖王治平天下的使命就該落在你我這代人肩上。這是天意！經歷的曲折、外在的困難，都算不了什麼。天降大任於我們，必先磨煉我們一番。要保持平常心，自己設法平衡心態，窮則獨善其身，達則兼善天下。這就是我們出遊各國能得出的經驗。」

孟子信心未減。此路不通，另闢新路。回鄒國去尋覓新路。

希望在明天！

說明

本文根據《孟子》之〈梁惠王上、下〉、〈公孫丑下〉、〈滕文公下〉、〈離婁上、下〉、〈萬章上、下〉、〈告子上、下〉、〈盡心下〉以及《史記》之〈燕召公世家〉、〈田敬仲完世家〉，《孟子家世》中之陳書儀、徐舫、裴龍海合著〈孟子遊齊及其遺跡〉中相關內容編寫。

——本文所引《詩經》詩句，曾參考程俊英先生《詩經譯注》（上海古籍出版社，1985年〈1〉版相關篇章。）

守望明天

下編

09 再回故國

齊都臨淄南下的大道上，馬車在飛馳。

孟子同他的弟子們回鄒國去。

一路上，孟子一言不發，他沉浸在思考中——諸侯們忙於爭戰，都想雄霸天下。他們視民命如草芥，驅使民眾橫屍沙場，令老弱殘病者凍餒於溝壑；對「仁政」、「王道」這些高尚的字眼竟嗤之以鼻，不屑一顧。這是怎樣的世道！對這些大人先生還能抱什麼希望！

他必須開闢新的路徑！

他要帶領弟子們回鄒國——

繼續走孔子走過的路

孔子是他最景仰的聖人。他曾經說過：自有人類以來，還沒有出現過能比得上孔子的人。孔子堅守禮義，進退有據；他與時俱進，海納百川；他綜合周文王以來一切好的思想理念，歸納出規律，整理出體系：是「聖之時者」，為伯夷、伊尹、柳下惠諸聖所不及。可惜自己生不逢時，未能親聆孔子的教誨。如今，學習孔子，繼承他的事業，仍然是自己最大的願望。孔子晚年，回鄉執教，整理古代文獻，這是保留文王以來文化遺產傳之萬世的

偉大事業。自己也要像孔子那樣，回故國復館，同時整理自己學習先聖思想的心得體會，傳授給弟子們，讓他們把這根神聖的接力棒傳遞下去。

孟子的母親已經過世。他就在自己的家裏——他和母親多年生活的地方，繼續開館講學。

孟子的家就在鳧村學館旁。

學館原房舍今已蕩然無存。據載，約在西元1295年至1343年（元貞宗元后元年至元惠宗至正三年）的近五十年裏，元代朝廷找到學館遺址，就地建起了以孔子孫子子思命名的書院。書院遭戰火焚毀後，倖存的一塊「子思子作中庸處」碑保存在今孟廟啟賢門東側，還能勾起今人對昔日書院的遐想（據說書院有兩進院落，書院前小河名因利渠，河兩岸築堤，堤岸栽柳樹固堤）。

孟子的家之所以安在學館前，是孟母為給孟子提供良好的成長環境而確定下來的。這裏遠離集市和屠戶，孟子從童年開始就接受了很好的文化薰陶。同樣，故居也早已湮沒在歷史中。今天的孟府遠離故居遺址，偏處縣城一隅，與孟廟隔街相望。它建於西元1121年（宋宣和三年），布局仿曲阜孔府，大都是灰色磚瓦平房，典雅樸素。孟子當年的家自然不可能有如此格局。我們不妨想象，孟子當時是在一個僻靜的小院子裏開始他晚年的生活的。院子前河水幽幽，垂柳掩映；夏季到來，陣陣蟬鳴伴隨著詩書的吟誦聲。

孟子完全沉浸在他育人的事業中

孟子說過：君子有三大樂趣：一是為人處世無愧於天地；二是父母健在，兄弟和睦；三是以天下優秀人才為徒與之交流進行培育——即便能以德服人統一天下居天下之大位，也無法與這些樂趣相比。

年過花甲的孟子再次開館，不同於三十年前的是，他已經積累了一套育人的經驗：

收徒原則

孟子收徒如孔子一樣「有教無類」，主張「往者不追，來者不拒」；但堅持來者必須有一顆至誠的心。心誠才能鍥而不捨——路是人走出來的，天天去走，雖茅草深處也能踩出一條小路；心不誠則會一曝十寒——已踩成的路也會重新長滿茅草。

育人目標

孟子要求弟子才德兼備，德尤其重要。

他以正、反兩方面事例加以說明。

羿收逢蒙為學生，授以劍術，要求十分嚴格。逢蒙學成之後，居然殺死自己的老師。逢蒙作惡，源於嫉妒和野心；但羿擇徒不慎在前，育人重才輕德在後，釀成惡果，值得後人警惕。

子濯孺子的事例恰好相反。子濯孺子收尹公之他為徒，尹公

之他又培養出武將庾公之斯。鄭國國君派子濯孺子侵犯衛國。子濯孺子不敢抗命，不得已，抱病出征，心想此去必死無疑。後來聽說衛將是庾公之斯，立刻釋然於懷。他說，我的學生尹公之他是個正派人；尹公之他收徒授藝也十分重視培養良好的人品。庾公之斯出自尹公之他門下，人品肯定錯不了。果然，兩軍對陣後，衛將庾公之斯對子濯孺子說：「您是我的師祖，我不能學會了您的本領又用它去傷害您，那是喪天良的事。但我又不敢違抗君命，真沒辦法！」說完，他抽出箭，敲掉箭頭，向鄭軍統帥子濯孺子發射了四枝禿頭箭，掉轉馬頭便回去了。

培養學生一定要重視學生的品德修養。

學習要求

孟子要求學生，學習既要廣採博納，又要多思慎取。

廣採博納，有利於融會貫通，以博返約，形成自己的理念。

多思慎取，關鍵在獨立思考。他人之言，未必全對。對的，固然要汲取；錯的，則必須排斥。不問對錯，囫圇吞棗，誤己也誤人——「盡信《書》，不如無《書》。」

如此，教師必須嚴格要求自己。他應當具有高尚的道德品質，還要有淵博的知識和才能，以己之昭昭使人之昭昭，而不是相反。

＊　　　　＊　　　　＊

孟子再度開館，歷時二十載，直到終老。

二十年裏，他常與學生傾心交談，即時點撥。我們從孟子的這些教學活動中，結合他出遊各國的經歷，略舉數例，介紹如下——

 說明

　　本文根據《孟子》之〈公孫丑上〉、〈離婁下〉、〈萬章上、下〉、〈告子上、下〉、〈盡心上、下〉以及《孟子家世》中之〈孟府〉（車干撰文）、〈孟母斷機處及三遷故址〉（鄒沂撰文）、〈述聖祠與子思書院〉（王書桂撰文）相關內容編寫。

IO 遠離「鄉原」（註1）
孟子與萬章的談話之一

萬章問孟子道：

「老師，有個問題我一直不明白。孔子在陳國時說過這樣的話：『我何不回去呢！我那些學生志大而狂放，進取但不忘本。』孔子為什麼想念那些留在魯國的狂放的學生呢？」

萬章是孟子的得意門生。孟子出遊諸國，他一直追隨左右。孟子再度回鄒，萬章除繼續聽老師講課外，還協助老師完成著述。

萬章所提的問題，《史記》之〈孔子世家〉記載了兩次。兩次內容基本相同。（註2）

第一次寫在陳國遭諸鄰國多次侵犯時。陳是小國，都商丘（今河南淮陽），地處晉、衛、楚、吳之間。西元前509年，孔

註1：《論語‧陽貨》：「鄉愿，德之賊也。」《孟子》之〈盡心下〉作「鄉原」。楊伯峻先生稱：「原」同「愿」，引《說文》「愿謹也。」

註2：孔子的兩次談話如次：

第一次為「歸與歸與！吾黨之小子狂簡，進取不忘其初。」

第二次為「歸乎歸乎！吾黨之小子狂簡，斐然成章，吾不知所以裁之。」

子到過陳國。十七年後，孔子離開衛國，再來陳國，住在大臣司城貞子家中。有人曾經誣稱孔子在齊、衛兩國都住在宦官家裏。孟子就據此駁斥：雖然孔子居陳時非常艱難，仍然很看重房東的身份和人品，仍然選擇了司城貞子為房東，訪齊、衛兩國，局勢都很平穩，也沒有人身安全的威脅，他能胡亂找個地方居住嗎？孔子住司城貞子家時，吳軍犯陳。為了避開戰亂便離陳南下，卻困於陳、蔡間，於是興歸去之嘆。

第二次是魯國執政大臣季康子派人召冉求歸國輔政。孔子料定冉求此去將被派上大用場，不由得引發感觸。

兩次談話都與孔子感慨出遊諸國尋找從政機會十分艱難有關，同時也表達了對留在故國的學生的思念。

在萬章心目中，孔子是大師，為人謙虛平和，他老人家怎麼會想念表現狂放的學生呢！

且看孟子怎麼回答。

《孟子》之〈盡心下〉記錄了孟子與萬章就這個問題的五問五答。

孟子並沒有循萬章的思路去分析孔子當時的心態，卻把談話中心引向了孔子基於人生價值取向的人才觀。

孟子說：

「孔子的想法與他曾經表達過的對人才的看法是一致的。孔子說過，最值得交往的人是『中行之士』——行為端方正直堅守仁義道德不出偏差的人；其次則是『狂士』和『狷（ㄐㄩㄢˋ）

介之人』。『狂士』雖然狂傲，但富有進取精神；『狷介之人』雖然胸襟比較狹窄，但性情耿直，不屑做壞事。他老人家最討厭的是『鄉原』，也就是那種不講是非的好好先生。他說：『「鄉原」是「德之賊」，是敗壞道德原則的人。這種人如果經過我家門口不進我家，我一點也不感到遺憾！』」

萬章瞪大眼睛說：

「『鄉原』表現怎麼樣？」他不明白孔子為什麼那樣厭惡這種人。

「『鄉原』嘛，他看不上『狂士』。他指責『狂士』說：「這種人言語和行為脫節，平常總是說古代人怎樣怎樣，古代人怎樣怎樣，他能照古代人那樣做嗎？他也瞧不起『狷介之人』，他批評狷介之人：『幹嘛那樣一根筋，老跟大家夥兒不合拍！生活在這個世界，給這個世界辦事，差不多就行了』！至於他自己，純粹是八面玲瓏的好好先生。大家都說他好。」

萬章還是不明白：「大家都說他好的好好先生怎麼就破壞道德原則是『德之賊』呢？」

孟子說：「這種人辦事似乎公允平正，無可指摘，其實是一切隨大流，同流合污，處處討人喜歡，毫無原則。他自詡正確的東西，與堯舜之道相去十萬八千里。這樣的好好先生就是破壞道德原則的人，是『德之賊』。」

「孔子說過他最討厭形似是實則非的人、事、物。他討厭狗尾巴草，因為它會令人誤以為是禾苗；討厭耍小聰明，耍小聰明

會誤導人那是真聰明、大智慧；討厭誇誇其談，也許人們會覺得那是淵博和真誠；討厭鄭國的樂曲，因為靡靡之音會擠掉了雅樂的地位；討厭紫色，因為它可能取代大紅的正色地位；討厭好好先生『鄉原』，因為這種人不講原則，把道德原則攪亂了！」

「所以一切都應歸於正道，歸於仁義道德；在上位者帶頭，下民百姓緊跟，世上還會有歪風邪氣嗎？」

萬章想起了臧倉。當年臧倉口口聲聲說禮制禮制，阻止魯平公見孟子，嘴裏說得好聽，心裏想的是怕魯平公採納了孟子的仁政主張妨礙自己撈好處。這種人是很得魯平公喜歡的，說他是鄉原式的人物也不算錯。

至於孔子的人才觀，還不僅止於道德層面。孔子答子貢問怎樣才算稱職的士人時，強調了使命感、責任感——為國君所用時應當不辱使命。這絕對不是針對子貢一個人而言，它具有普遍意義。修煉自身道德品質，目的在為民造福，為世所用。孔子的人才觀是滲透看政治原則，合政治道德為一的。

但孟子強調孔子批評「鄉原」的道德意義，還是很重要的。「鄉原」——好好先生，是庸才和奴才的混血兒，是暴君和貪官污吏的幫兇。他頭頂上閃爍的只不過是偽善的光芒。他欺騙善良的人們，敗壞世風。

遠離「鄉原」！揭露「鄉原」！

說明

本文根據《孟子》之〈萬章上〉、〈盡心下〉，《論語》之〈公冶長〉、〈陽貨〉、〈子路〉，《史記》之〈孔子世家〉相關內容編寫。

誰把舜推上了權力頂峰？

11 孟子與萬章的談話之二

萬章聽到過堯、舜禪讓的故事，心中存有疑團。有一天他終於忍不住問孟子道：

「老師，據說是堯帝把天下給了舜，把舜推上了權力頂峰，是這樣嗎？」

孟子答道：「不是這樣！天子沒有權力將天下私自授與某個人。」

萬章覺得奇怪：「但是舜確實擁有了天下，那是誰給他的呢？」

「上天呀！」

「『天』告訴他要把握好治理天下大權的嗎？」

「不，『天』不會說話，他只是以事實表達自己的意願。」

「我不明白——不會說話卻能以事實表達意願。」

「天子無權將天下私自授與人，卻可以向上天推薦心目中的備選人物。堯相中了舜，把舜推薦給『天』，『天』同意了，便將舜推到民眾中亮相，讓民眾去評判他。民眾很滿意，便接受了他。」

「我還是不大明白。老師能不能把這個過程說得更具體

一點！」

「堯帝讓舜主持祭祀大典，百神都蒞臨享用祭品。堯帝讓舜代理執政，處理天下大事，民眾安居樂業，歡欣鼓舞。這表明上天和民眾都很滿意舜，都接受他。堯帝逝世，三年喪禮結束，舜為讓堯帝的兒子丹朱繼承父位，特地逃到南河（今山東濮陽東）以南去。但是天下諸侯朝見天子的，老百姓打官司的，都不去丹朱那裏，而是跑到舜所住的地方去。天下一片讚頌舜的聲音。這樣，舜才回到首都，登上天子大位。是『天』選擇了舜，民眾選擇了舜。所以《書經》〈泰誓〉篇說：『上天所見來自民眾所見，上天所聞來自民眾所聞。』」

「哦，我明白了，天意民心是一致的。」萬章沉吟一會，若有所思，接著又問：「禹傳位給兒子啟，不傳給賢德之士，是不是道德衰敗，風氣變壞的表現呢？」

孟子笑道：「當然不是！舜帝將禹推薦給『天』。十七年後，舜帝逝世。三年喪禮後，禹為讓舜帝的兒子繼承父位，自己逃到陽城（今河南登封東南）去，但天下人追隨禹就像當年拋棄堯帝的兒子丹朱追隨舜一樣。禹登位後，將益推薦給上天。過了十七年，禹逝世。三年喪禮後，益像舜、禹當年所做的一樣，逃到箕山（在今河南登封）北面去。天下朝見天子的諸侯、打官司的老百姓都跑到禹的兒子啟那裏去，他們讚頌啟說：『這是我們君王的兒子！』你看，事情與舜、禹當年的情況不一樣了。堯帝、舜帝的兒子表現不好，禹的兒子啟卻相反，能繼承父親的施

政理念。其次，舜幫助堯，禹幫助舜，時間都很長，老百姓對他們的治績都有切身體會；益幫助禹的時間短，老百姓還沒來得及感受他施政帶來的好處。表現好或壞，時間長或短，這都是上天的安排，是天意。啟繼承父位，是『天』決定的，不是人力所能左右的。世上沒有人讓這樣做，他卻做了；沒有人讓某人來，某人卻來了、前者是天意，後者是命運。孔子說過：『堯、舜、禹帝位的禪讓，夏、商、周三代子子孫孫帝位的繼承，其實道理都一個樣。』

聽完孟子的話，萬章若有所思。

也許他在想，既然帝位禪讓、子承父位都決定於「天」，但「天」又得讓民眾來表達看法；那麼「天」與「民」兩者，哪種力量更為根本，更加重要呢？

恰在這時，孟子對學生們說開了：

「夏、商、周三代能獲得天下，是因為他們順從民意，施仁政──滿足民眾的願望和需求，廢除民眾所反對的一切措施，因此得民心。桀和紂失去天下，情況恰好相反，是因為他們失去民眾，失去民心。得民心者得天下，失民心者失天下。民眾盼望仁政，歸附仁君，就像水總往低處流，野獸總往林子裏跑一樣。把民眾趕到商湯王、周武王一邊去的，不是別人，正是夏桀和商紂自己。民意重要呀！」

「我曾經回答過齊宣王一個問題，怎樣辨識人才。我告訴他判斷一個人是否賢德，光聽身邊親近的人的意見靠不住，光聽

朝中大臣的意見也靠不住，一定要聽全國人的意見。國人都說可用，才用；否則就不用。殺人也一樣。國人都說某人該殺，你就趕緊去瞭解一下，如果情況屬實，就殺他。尊重民意，才能為民父母。

「其實作戰也一樣。常說天時不如地利，地利不如人和。意思是說寒暑陰晴之得宜、山川險阻之屏蔽，都遠不如民心向背、上下團結一致的重要。『人和』是民心，民意。得道多助，失道寡助。得道者行仁政，得民心，民眾都擁戴，能不勝利嗎？失道者不行仁政，失去民心，眾叛親離，能不失敗嗎？」

最後，孟子嚴肅地說：

「在一個國家裏，土穀之神和國君的權位，都不如民眾重要。得民心，才能保有天子大位；沒有民眾，什麼都沒有了！」

＊　　　　＊　　　　＊

從堯、舜「禪讓」引出的天意、民心關係的談話，就這樣結束了。

究竟是誰把舜推上了權力頂峰？是「天」？是「民」？還是二者的合力？

據近、現代歷史學家研究，堯、舜都是先民公推的原始部族的首領。他們既無帝位，也無「禪讓」之舉。一個依據封建時代的生活狀況描繪出來的圖景所透露的統治權力的轉換理想，是「天與之，人與之」。「天」是先哲感受到的，雖無具體形象但

確實在事物發展中起作用的，偶然中的必然——一種難以解釋的力量。盡管「天」被安置在「民」之上，然而真正看得見的是「民」——民眾的歡笑和歌唱，民眾的眼淚和怒吼。孟子強調民意雖然並非現代民主意識使然。但兩千多年前大思想家的遠見卓識卻給今人敲響了警鐘：違背民意，戲弄民意的必自取滅亡！

說明

本文根據《孟子》之〈梁惠王下〉、〈離婁上〉、〈萬章上〉、〈盡心下〉中相關內容編寫。

——又，按《韓非子》之〈外儲說〉又《晉書》之〈束皙傳〉引《竹書紀年》，禹的兒子啟與益權力爭奪甚為激烈，書此供讀者參考。

從平常心開始

12　——「心」、「氣」、「言」、「聖」。
孟子與公孫丑的談話

時間：西元前318年的某一天

地點：齊國都城臨淄雪宮孟子的臨時住所

人物：

孟子

公孫丑——齊國人。孟子高足弟子之一。孟子出遊諸國始
終伴隨著孟子；孟子再返家鄉後，與萬章等
協助孟子整理著作《孟子》。他多次主動向
孟子提問求教（《孟子》中記載了十四次）。
孟子再次來到齊國，受到齊宣王的禮遇。弟
子們揣測老師可能會被委以重任。公孫丑很
為老師高興，也替老師擔心。他特地來看望
老師。

旁聽者甲、乙（簡稱旁甲、旁乙）——現代人。孟子思想
的熱心學習者。他們以「隱身人」身份，穿越
時空，前來旁聽孟子師徒的談話，並不時交換
意見。當然，孟子師徒既看不見他們，也聽不

到他們的聲音。

公孫丑：（上。向孟子施禮）老師好！

孟　子：好，好，好！怎麼樣？這次咱們又到齊國來了，你有什
　　　　麼想法？

公孫丑：（坐下，遲疑了一會兒）老師，看來齊王會讓您做他的
　　　　卿相，機會倒是好，可是齊國上上下下麻煩那麼多，您
　　　　一點兒都不擔心？

孟　子：我不擔心呀！告訴你一個祕密。我是個不怕難的人，從
　　　　四十歲起，我就學會不管遇到什麼情況，都保持一顆平
　　　　常心。這已經成了習慣。

公孫丑：（驚呼）呀！老師真了不起，比孟賁都強多了。

　〔旁甲：孟賁是什麼人？

　旁　乙：是齊國古代的勇士。他的事蹟在齊國家喻戶曉，公
　　　　　孫丑當然知道了。〕

孟　子：這並不難。遇事能保持平常心，告子這方面的修養比我
　　　　還早。

　〔旁乙：告子是誰？

　旁　甲：這可說不清。有人說他是墨子的學生，有人說他是
　　　　　孟子的學生，也有人說他見到中年的孟子時，年紀
　　　　　已經不小了。說不準他跟孟子是什麼關係。但從
　　　　　《孟子》裏他與孟子討論人性問題的記錄看，他

　　　似乎是自成一派的學者。（註1）咱們不管告子的

　　　事，還是聽孟子怎麼說吧！〕

公孫丑：保持平常心，有什麼好方法嗎？

孟　子：培養大勇精神！培養大勇精神，不同的人有不同的方

　　　法。勇士北宮黝強調藐視敵人。他不能受一點點欺侮，

　　　哪怕對方是大國君王，他也看成小民百姓，反擊絕對不

　　　手軟。孟施舍主張給自己打氣加油——不要考量對手的

　　　實力，只要想著自己一定能勝利，守住自己的心很重

　　　要。曾子跟他們不一樣，他曾對自己的學生子襄說：

　　　「你好勇嗎？我曾聽我的老師說：『遇見對手，先反省

　　　自己所做所為是否合乎正義。如果不合，哪怕對手是小

　　　民百姓，也不要去碰他；相反，就算碰上千軍萬馬，也

　　　要勇往直前。』這就叫大勇！」曾子的做法，明確，

　　　而且簡便易行，比孟施舍空泛地談鼓勁呀，守心呀，強

　　　多了！

　　〔旁甲：曾子是強調正義感呀！

　　旁　乙：我體會曾子是以正義感作為大勇的精神支柱。〕

公孫丑：老師和告子都有保持平常心的好經驗，請老師說說好嗎？

孟　子：我的認識不同於告子。告子說，「不得於言，勿求於

註1：參見《孟子家世》之〈孟廟兩廡從祀的『先賢』、『先儒』〉（金

　　梅園撰文）。

心：不得於心，勿求於氣。」說不過對手，不必從自己的思想認識找原因，這不對。思想認識不如人，不必以自己的情緒氣勢去壓倒人。這是對的。思想認識支配情緒氣勢。前者不如人，後者還有什麼優勢！要堅持自己的認知，也不可放縱自己的情緒。

〔旁乙：說不過別人不必從思想認識找原因為什麼不對？

旁　甲：沒想明白能說得清嗎？想歪了，能說得準嗎？要不平常老說腦袋要走在嘴巴前面！〕

公孫丑：思想認識支配情緒氣勢還好明白；但既說堅持認知，又說不可放縱情緒，請問老師，怎麼理解？

孟　子：思想認識專注於某一事物時，情緒情感也會趨向於某一事物，或者愛或者憎；反過來，愛憎若有變化，認知也會動搖。二者相互影響；放縱情緒能確保它對認知施加正面影響嗎？

〔旁甲：說得太好了！思想認識——「心」是理性的東西，情緒（或情感）氣勢——「氣」偏於感性。理性總是支配感性的。但感性也會影響理性。試看情緒失控時理智往往趨向零，足以證明。

旁　乙：是這樣！〕

公孫丑：「言」、「心」、「氣」三方面，老師長於哪方面？

孟　子：我善於分析別人的言辭，也善於培養自己的浩然之氣。

〔旁甲：「浩然之氣」是什麼？

旁　乙：似乎不同於「氣」。咱們聽孟子怎麼說。〕

公孫丑：請問老師，什麼是「浩然之氣」？

孟　子：這還真難說清楚。作為一種「氣」，它偉大而剛毅。用正義去培養它，注意別傷害它，它可以充沛於天地之間。

〔旁甲：原來這樣！那它就是一種足以左右全社會風氣的十分高尚的精神狀態，一種崇高的人格追求吧！

旁　乙：或者說它是由理性所主宰的感性的正氣──「氣」之一種。就像文天祥《正氣歌》裏所描繪的正氣。

旁　甲：對！古往今來，一切志士仁人、民族英雄無愧於天地的氣慨就是這種「浩然之氣」。〕

孟　子：「浩然之氣」是一種心態，它是持續不斷積累正義感形成的一種心態。具有浩然之氣的人，遇到任何事情，會自然而然處之以正義，別無他念。偶然做一兩件好事，成就不了它；偶然原諒一下自己，放縱自己做一件壞事，已有的正義感就蕩然無存了。

〔旁甲：對！真對！試看從奸夫淫婦、小偷慣盜到貪官污吏、叛徒漢奸，哪一個不是從放縱自己的一剎那──

旁　乙：從放縱自己的一剎那開始變成畜生，變成野獸，人性全沒了！〕

孟　子：所以培養浩然之氣必須時刻牢記，終生不忘。還要注意

的是，浩然之氣是與萬事萬物運轉的自然態勢相吻合的。處事要順事物自然之勢，培養浩然之氣也要既時刻堅持正義；又順其自然，不能為取悅於人特設某種目的去做根本做不到，本來不該做的事情。我給你講一個故事吧！有個宋國人，見自己田裏的禾苗長得不快便急了。他想，一定要讓自己家的禾苗長得快一些。於是他把每株禾苗都往上拔顯得高一點。一塊田，有多少株禾苗呀！他做得很辛苦，累了半天，回到家裏說：「今天我累壞了！我幫助咱們田裏的苗長高了許多。」家人都很高興。兒子跑到田裏去看——呀，自家田裏的苗全死了！別人田裏的禾苗雖然不高，卻一片蔥綠，迎風擺動。你看！不顧禾苗本身自然生長的態勢，硬去拔高它，不但沒長高，反倒拔斷根死了。拔苗助長，豈不是好心做壞事。

〔旁甲：原來「揠苗助長」典故出自這裏。

旁　乙：揠苗助長不過是譁眾取寵。譁眾取寵的人根本不管客觀規律的，更不會講原則、求正義；他只會一意孤行，做有利於一己私利的事情。〕

公孫丑：老師怎樣分析別人的言辭？

孟　子：我分析過四種需要警惕的言辭。它們或失之片面，或流於過份，或不合正道，或閃爍其辭。我能夠察覺它們的片面性或過份之所在，能夠找到它不合正道的部份，挖

掘出它潛在的理屈之處。這種種言辭，都有各自相應的思想支配。一旦用於施政，則貽害無窮！

〔旁甲：孟子論「言」受制於「心」，還離不開施政。

旁　乙：他心裏永遠裝著天下人。〕

公孫丑：孔子兼有子貢善言談的能力和顏淵等重修身的素養，言與德都達到了極高境界；老師也如此，老師真是聖人了！

孟　子：你怎能這樣說呢！孔子從不承認他是聖人，他說他只是學而不厭誨人不倦罷了。雖然子貢說學而不厭有大智慧，誨人不倦仁德高尚：大智大德便是大聖；但孔子還是不允許弟子們這樣說。你也不能這樣說我！

公孫丑：對不起！——我想知道伯夷、伊尹怎麼樣。

孟　子：如何對待出仕，伯夷要看當時的形勢：他所侍奉的君主、他所治理的民眾，是否合於他心目中的標準；不達到標準，他是不會輕易動身的。伊尹這方面恰好與伯夷相反。不過他們與孔子都是聖人。

公孫丑：伯夷、伊尹、孔子三位先哲的聖德一樣高嗎？他們相同和不同之處是什麼？

孟　子：要說相同，他們都有極高的仁德，極高的實施仁政的能力。給他們縱橫一百里的土地，他們都能令天下人歸附。但若要他們做一件不合正義的事情殺一個人來奪取天下，他們絕對不做！要說不同，自然孔子是最偉大的聖人，沒有人能超過他。我給你說說他的學生怎樣評價

孔子便知道了。宰我說：「若論品德和才能，老師遠超過堯、舜！」子貢說：「即使百代之後評價百代的君王，都不能背離老師之道，老師是有人類以來最偉大的人。」有若說：「豈止人類！走獸、飛禽、山土、河海、都有高下之分；聖人與一般人，品格高下也不等，但在聖人中，老師是最出類拔萃的！」——我沒能趕上孔子的年代；但學習孔子的思想，是我終生的願望！

〔談話結束。公孫丑高高興興地謝過孟子走了。〕

旁甲、旁乙也離開孟子的居室，心情十分激動。

旁　甲：你覺得怎麼樣？

旁　乙：收獲豐富！極其豐富！

旁　甲：你能概括一下嗎？咱倆交流交流。

旁　乙：孟子今天著重講了「心」、「言」、「氣」，涵蓋做人、施政兩方面，可以找到三個關鍵詞：平常心、高尚的人格追求、社會責任感。其中，「浩然之氣」這個概念描述了理性、感性相結合的崇高精神狀態，是修養身心的理想追求，也是造就聖人境界的重要途徑。

旁　甲：孟子承襲了孔子學說倫理、政治合一的好傳統卻又表達了很多新意。我以為咱倆都沒能沒把孟子豐富的思想理解透。

旁　乙：透？談何容易！今後繼續好好學習吧！〕

說明

　本文根據《孟子》之〈公孫丑上〉相關內容編寫。

不做冷漠的路人

13 孟子和公都子的談話之一

公都子走進孟子的居室。

這個學生勤奮，好思考，常喜歡向老師請教一些比較深刻的理論問題，幾乎每次都是有備而來。

孟子很了解自己的學生，立即放下手中的竹簡問道：「今天有什麼心得？」

果然，公都子搜集了很多資訊，並且集中思考了一個問題：人性。

公都子說：「老師，我聽到好多關於人性的說法。告子說：『人性沒有什麼善或不善。』也有人說：『人性可以使它變得善，也可以變得不善。周文王、周武王在君位，民風淳善，周幽、周厲當道，世風就兇殘。』還有人說：『有人本性就善良，有的人卻相反。你看即便堯這樣的聖人在君位，手下也有名為象的惡人；即便父親極壞如瞽叟，也有大德之子舜；商紂那樣荒淫殘暴，他的叔父王子比干、庶兄微子啟的品德卻為世所稱道。』── 可是老師一再說人性本來就善良，難道他們都錯了嗎？」

孟子聽罷想：難得他這樣用心思。其實這些說法中關鍵還是

第一種，第二種不過是它的引申。駁倒了告子的立論，第三種說法會不攻自破。

　　孟子說：「告子這個人，我跟他打過多次交道。你知道我們當年辯論的情況嗎？」

　　公都子說：「請老師說說，弟子願意聆聽。」

　　孟子便詳細地說了起來。

孟子駁斥告子「性無善無不善」論

　　讓我們回到當年辯論的現場。

　　（孟子請告子坐下，示意他先說）

告子（胸有成竹。毫不客氣，大聲）：我先要說明什麼是人性，人與生俱來不含任何後天成分的本質，就是人性。

孟子（馬上接話）：就像所有白的東西，天生不含任何後天成分的性質就叫「白」一樣嗎？

告子：對呀！

孟子：白羽毛、白雪、白玉的「白」都是天生不含任何後天成分所以都是一樣的，對嗎？

告子：對呀！

孟子（抓住了漏洞）：狗、牛和人都具有天生的、不含任何後天成分的本質，難道狗性、牛性和人性也都一個樣嗎？

（孟子誘導、推論，逼出了對方論題謬誤之所在，告子說不出話來）

（沉默）

（一會兒，告子又亢奮起來）

告子：人性根本沒有善與不善之說。好比急流的水。你挖一道
　　　渠，讓它向東流它就向東流，讓它向西流它就向西流。

孟子：不對！人性天生就是善的。人性的不善是後天人為所致。
　　　水本是向下流，使勁拍打，激起的水花可以高到額角；不
　　　斷扇它，甚至還可以引上山。人力改變它向低處流的本
　　　性，道理與人性從善變為不善一個道理。

（告子自知輸了理，告辭離開）

（過了幾天，他又來找孟子——他想到了新招數）

告子：人性與仁義道德不相干。說人性本善，就是硬把人性說成
　　　是仁義道德。好比硬要用柳木做杯子一樣。（告子顯得很
　　　得意，他知道孟子主張人性之善就是仁義道德，再則柳木
　　　無法做成杯子這誰都知道）

孟子（並不慌張）：好！就說做杯子。你是以柳木比人性，拿杯
　　　子比仁義。請問你是保存柳木本性做杯子，還是毀了柳木
　　　做杯子呢？保存柳木本性根本做不成，毀了柳木結果不但
　　　也做不成杯子，連柳木也糟踏了。同樣，你毀了人性講仁
　　　義，那仁義還是仁義嗎？你這種論調貽害無窮哪！

（告子很尷尬。但他不想放棄。他還要設法證明人性不善）

（告子沉默，喝茶——突然站起來）

告子：無論如何，不能說人性是善的。喜好美食美色，這種飲食

男女之事是人的天性吧！勉強來說，「仁」愛之心發自內心，但「義」不是！簡而言之，仁內義外，這就是我最後的觀點。

孟子（仍然很沉穩）：請問「仁內義外」怎麼理解！

告子：說「義」外在於人心，有事實根據。看見年長者產生恭敬之心，恭敬之心由年長而起並非原本內在於我心。就像看見白馬就產生對白馬之「白」的認識，這種認識是由白馬而起並非原本存在於我心一樣。

孟子：你認為白馬的「白」和白人的「白」是一樣的，對嗎？不知道老馬之老和見長者油然而生恭敬之心也一樣不一樣，應該不同吧！請問恭敬之心是存在於長者心中還是存在於看見長者的人心中呢？

告子（感到不妙。因為依此推論必然會說「存於我心」，那麼「義」內在於我心的結論也就跑不了了。沉吟。支支吾吾地）：我愛自己的弟弟，但不愛秦國人的弟弟，「仁」愛之心是發自內心的。無論楚國的長者，還是我國的長者，我都敬他，因為他年長；這種恭敬之心或曰「義」由對方起是外在於我心的。

孟子：秦國的燒肉、我自己做的燒肉我都愛吃，這種愛吃燒肉的欲望難道也外在於我心？請想想世上任何事情是不是都是這個理！

（孟子點到為止。告子再也無理可辯。「仁」發自內心，

「義」——按告子自己的說法「恭敬之心」也內在於我心,「人性本善」之論無法推翻了)

(告子再一次無語離開)

*   *   *

聽完孟子的介紹,公都子想說,告子的失敗是必然的;他的觀點前後矛盾,批駁舉例不準確,論證有漏洞:難成一家之言。他很想知道老師怎樣說明自己的觀點。

公都子還沒張嘴,孟子就開始說起來了——

人性為什麼本來就是善良的

孟子說:

「我必須說說我自己的想法。」

「我說人性本善是說人本來就有為善的潛質,包括:

側隱之心、

羞惡之心、

恭敬之心(或曰辭讓之心)、

是非之心:

它們可以加以培養,依次形成『仁』、『義』、『禮』、『智』四德。

(公都子想:原來「義」指「羞惡之心」。知恥是道德的起點;人若不知羞恥;什麼壞事都做得出來。鬧了半天,告子連

「義」的內涵都沒弄明白，還說什麼「義外在於人心」！）」

「人人都有這樣的潛質，都有這『四心』；人人都能認識到自己所具有的潛質、所具有的『四心』。在這一點上，我們與聖人是相同的，只不過聖人先知先覺些罷了。」

「為什麼有些人言行並不善良？例如，年成好，年輕人偷懶；年成不好，他們就偷呀搶呀幹壞事。原因有兩方面。」

「第一是環境影響。同樣種麥，兩塊土，土質肥瘦不等，遇上天時不同所受雨水不一樣，長勢自然有差異，甚至相差很多。一個人生活環境不好，受到不良影響，很容易變壞。」

「第二是主觀因素，主要指人自身的行為。你還記得臨淄城外的牛山吧。聽當地人說，那裏曾經很美。南連稷山，丘陵起伏。山下有溫泉，霧氣沾衣欲濕；山上綠樹連天遮人眼，名叫牛山卻難見全牛。可是咱們見到的牛山已經是光禿禿一片了。為什麼？臨近大城市，人們經常去砍樹取材；栽上幼苗又被放牧的牛羊啃吃難以成活。一來二去，美麗的牛山就被糟踏成現在這個樣子了。樹要栽種，培育；人為善的潛質也要發現，維護，擴充。放縱自己，壞事連連，內心那一點點善念不斷被摧毀，人性還能不變壞嗎？到那時，人跟禽獸也就差不多了。」

「人要珍惜自己內心為善的潛質——那是人所以為人價值之所在。這種價值誰也無法搶走。珍惜它，維護它，就是維護了自身作為人的尊嚴。有些人只知道爭官爵搶名利，卻不知道人為善的潛質是上天所賜與生俱來的最高『爵位』，保護好它，人

們平常看好的官爵名利也不難得到；否則，即便一時擁有，也會因為自己醜惡的言行而失去。可嘆呀！這樣的道理人們居然沒認識到。」

（公都子想：原來羞恥之心跟人的價值、尊嚴也有這樣的關係。像告子所說堅持「義」外在於人心，言行不顧羞恥，那不成了畜生嗎？）

「客觀條件、主觀因素二者，我主張要更要重視後者。重視主觀因素，才知道培植自己的自覺性，自覺地擴充內心為善的潛質，形成崇高的人格境界。達到這種境界，就能產生巨大的精神力量——這是一種正能量，其能量之大，如撲不滅的熊熊火焰、擋不住的滾滾洪流；從政可以守住社稷，保有天下。否則，不但侍奉不了父母，連自家的身家性命都難保。」

（公都子聽得汗毛都豎起來了。他想：自覺！要自覺！）

「說到自覺，我必須強調一點，它是發自內心的衝動，而不是外部激勵所致。比方你看見一個小孩掉到井裏去了，你會無動於衷置之不理嗎？不會！你會立即設法救他，甚至奮不顧身跳下井去把他拉上來。拯救一個弱小的生命，不會是出於沽名釣譽，更不會是為了討好孩子的父母，純粹是天生的惻隱之心所致。這種惻隱之心便是自覺性的來源。」

「記住！在這個世界上，人與人有可能是路人，但不應該是冷漠的路人。」

公都子說：「我記住了，人與人可能是路人，但不應該是

冷漠的路人。老師的思想博大精深，我一定好好學習，認真照
辦！」

＊　　　　＊　　　　＊

　　公都子說的話是對的。人人都應該好好學習、認真踐行先哲
的思想──人人留住善性、世間春光永駐。

說明

　　本文根據《孟子》之〈公子丑上〉、〈告子上〉以及《孟子家世》
之〈孟子遊齊及其遺跡〉（陳書儀、徐舫、裴龍海撰文）相關內容編寫。

陽光依舊燦爛

14 孟子與公都子的談話之二

過了兩天，公都子又走進孟子的居室。

屋外吹過一陣涼風，滿天烏雲，似乎馬上要下雨。公都子不管這些。前兩天老師關於人性意義深遠的談話，深深地觸動了他。他不斷地回味著，並聯想起更多的問題。

孟子打量這個在學習上永遠不知道滿足的學生，揣測他此時的心理──也許前兩天的談話勾起了他某些新的思考？

果然，還不等孟子開口，公都子就先發問了：

「老師，同樣是人，為什麼有的是君子，有的成了小人？」

無疑？回答這個問題是上次談話的延伸，孟子很願意借這個機會把人性問題談透。孟子說：

「這得從人體器官談起。人體器官有大有小；有的重要，有的次要；功能也各有不同。維護它們，既要注意全面，又要突出重要器官、大的器官。但如果為了照顧全面而因小失大撿了芝麻丟了西瓜，或忽略考量器官功能重要程度那也都是錯誤的。比較起來，耳、目、口、腹的重要性都次於『心』。耳、目聽聲音，看東西，是被動地接受外界的刺激，容易為聲、色所蔽；口、腹管吃喝，講究吃喝的人也易為美食美味所誘惑。管思考的器官是

心（註1）。心是上天所安排的最重要的器官——它的功能十分重要。人性之為善的潛質經過『心』的思考便被人所認識所掌控，牢牢地存在於人體內，不會再受到耳、目、口、腹等的干擾。這樣，人必然走正道自覺行善。所以重視養『心』自覺行善的人必是君子。相反，追求聲、色、食、味之美只顧耳、目、口、腹之養者成為小人也不奇怪了。」

孟子從人體器官切入將修養善性與提升人格境界聯繫起來，深化了公都子上次聆聽老師談話的認識。

公都子很滿意，很高興。

但是，不滿足、求知欲極強的公都子又提出了一個問題：

「老師，別人都說您喜歡辯論。請問您為什麼這樣？」

突然，雷聲巨響，電光閃過，大雨傾瀉下來。

門被吹開，公都子趕緊起身關上門。

孟子苦笑了一下，心想他必須認真地說明自己的想法。

「我哪裏是喜歡辯論，我是不得已而為之呀！」

孟子向這位涉世未深的學生說出了自己的苦衷。

「這完全是形勢所迫，回答你的問題，我只能繞遠點。」

「歷史是治亂交替的發展過程，亂必有治，治後又會亂。唐堯之時，洪水泛濫，龍蛇遍地，人們無處棲身。住在低窪地方的人只能爬到樹上去，家住較高處的人也要躲到山上去挖洞穴避難。堯

註1：現代心理學確認人的思維器官是大腦，而不是「心」。

命禹治水。禹引洪水入海,將龍蛇趕到湖澤中去,人們終於可以安居樂業了。」

「堯、舜去世後,暴君一個接一個出現。他們拆毀民房挖做魚池,推平農田修建園林。老百姓沒吃沒穿沒房住,樓臺亭閣、宮殿園囿卻越來越多。甚至出現肉林酒池——這就是殷紂暴政統治的時代。老百姓忍無可忍,鋌而走險,天下大亂。周公輔佐武王伐紂,又滅掉奄國等五十個國家,把老虎、豹子、犀牛、大象趕得遠遠的,老百姓非常高興。」

「歷史又過了數百年。世道衰微,邪說橫行。臣弒君,子殺父——亂世呀!亂世!孔子為此震驚:如此下去,老百姓還怎麼活!於是著作《春秋》以警戒世人。這本來是天子該做的事情,但是孔子做了,所以孔子說:『理解我的人是因為《春秋》,責罵我的人也會是因為《春秋》。』」

「時至今日,聖王不再出現;諸侯爭雄,肆無忌憚;讀書人亂發議論。楊朱、墨翟的言論居然傳遍天下。人們不是說楊朱怎麼說怎麼說,就是說墨翟怎麼說怎麼說。其實楊朱宣揚個人利益至高無上,完全不把國君放在眼裏;墨翟說要愛一切人,父母完全不放在心上。心目中無君無父,豈不等同於禽獸!孔子的思想遭冷落,楊、朱的謬論卻泛濫,世道如此混亂,將來還不會人吃人!」

「我非常擔心!我不能不盡自己的責任。我要捍衛先聖的學說,批駁楊、墨的謬論,不給錯誤的言論和製造錯誤言論的人留

下活動的空間。要知道，思想錯了，就會做壞事，甚至會影響政局。我哪裏是喜歡辯論，我是要以大禹、周公、孔子為榜樣，身處亂世也不向歪門邪道低頭，一定要延續先聖的事業，將它發揚光大！」

孟子越說越激動，再也無法坐下去。他站起來，走到門外，眺望藍天，陣雨早已停了，烏雲散盡，陽光依舊燦爛。

公都子走到孟子身邊，覺得自己的心跟老師貼在了一起。

本文根據《孟子》之〈滕文公下〉、〈告子上〉相關內容編寫。

昂起你高貴的頭
15 珍惜你人之為人的價值與尊嚴

院子外，車夫已經套好馬，備好車。

居室裏，弟子們正忙著為孟子做進宮的準備。

這是孟子來齊國後第二次進宮。

第一次是剛入齊境，受到齊王特派官員的歡迎與接待，住進配有車夫、廚師等服務人員的特設宅院，為感謝主人的盛情，孟子進宮見了齊王。

那一次，雙方的言談都流露出了一些各自的打算：主人的想法是趁當下諸雄爭霸的形勢，延攬人才，擴軍備戰，以增強實力，臣服各國諸侯；客人想的是，勸主人施行仁政，省刑輕賦，讓老百姓安居樂業。出於禮貌，加之時間倉促，雙方都未能深談，留下遺憾。為此，孟子打算再次進宮，詳細介紹自己的施政主張；雖然他並不知道齊王是否也有再度見面的願望。

堂弟孟仲子為哥哥準備了洗得乾乾淨淨的禮服，弟子公孫丑還買來一隻野雞給老師做見面禮。

車夫進來報告：「先生，車馬齊備，請上車吧！」

恰在這時，意外發生了。

一個學生進來說：「宮裏來了人要見老師。」說話間神情有

些慌亂。

孟子頓覺意外。齊王派來的？有急事宣我進宮？或者，是齊王要……

「請他進來吧！」孟子平復一下心情說。

來人是齊王的侍臣。進得室內，他不慌不忙地施禮，不等主人開口，便躬身慢條斯理地說起來：

「在下奉君王旨意，特來告知先生。大王本想今日來會見先生，無奈偶感風寒，身體不適，不能吹風，不敢出宮。先生如願進宮，大王將可見到先生。」

這些話像一把刀子戳進心窩──哪有這樣傲慢無禮待客的國君！學生們都愣住了，他們看看老師，不敢出聲。

孟子臉上掠過一絲不愉快的表情，但立即消失了。沉寂片刻，孟子平靜地說：

「啊啊，真是不巧，在下今天也身體不適，無法進宮朝見大王。」

來人瞥了一眼臥榻上疊得整整齊齊的禮服，仍然慢條斯理地說：

「在下將把先生的病情如實稟告大王，請先生保重。」

在孟子的「送客」聲中，來人彎腰退出門外。

馬車鈴聲遠了，緊張尷尬的氣氛消除了。學生們的議論聲響了起來：

「怎麼如此無禮！」

「怎麼可以這樣對待老師！」

「……」

孟子笑了笑，什麼也沒說。

第二天，孟子要去齊國大夫東郭牙家弔喪。

東郭牙是孟子來齊國後認識的新朋友。孟子到齊國的第二天，東郭牙便慕名來訪。兩人交談十分投機。如今朋友家出了喪事，即便出於禮節，也應該前往弔唁。

孟子剛要動身，公孫丑便上前勸阻：

「老師，您別去為好。昨天剛對齊王的使者說有病，今天就去東郭大夫家弔喪。齊王知道了，肯定會辦您欺君之罪。」

孟子知道公孫丑是好心，但他還是堅持己見：

「這有問題嗎？昨天生了病，今天痊癒了，怎麼不能出去！」

孟子剛走，意外的事又發生了。

一陣車鈴聲由遠而近，到門外戛然而止。接著是敲門聲。公孫丑忙去開門——呀！居然竟是昨天來過的那位侍臣，後面還跟著一位老者，不知道是做什麼的。

不等公孫丑說話揖讓，那侍臣竟自顧自往裏走，嘴裏拿腔作調地說：

「大王聽說先生病了，特派我來看望。」

進了室內，不待主人張嘴讓坐，自己先行坐下，一面指著跟進來的老者說：

「這是宮裏最好的醫生。大王特派他來給先生把脈。」

學生們愣住了。還是孟仲子機靈，連忙獻上茶說：

「大人先請用茶。」

剛要起身去室內探望孟子的侍臣不得不坐下來喝茶。

孟仲子趁機說道：

「老師昨天偶感風寒，不敢出門。今天剛好一點點，便立即進宮去朝見大王了。不知道他能不能到達。」

「啊，原來如此！那……大王就放心了。我這就回宮稟告大王。」侍臣做出高興的樣子，說完話便帶著醫生走了。

學生們急了。如果齊王見孟子並沒去宮裏，又派人來察看，趕巧碰見孟子弔喪回來，事情不就穿幫了嗎？

屋內一陣混亂。大家你一句我一句嚷起來。

「可別讓齊王派人碰見老師！」

「怎麼可能！老師馬上會回來。」

「……」

「大家別急，辦法只有一個，」孟仲子大聲說話，止住了喧嘩，眾人都靜下來等待他的下文。「咱們想法阻止老師回來，分頭去攔截，應該做得到。」

這個應急的主意立即得到了大家的贊同。至於以後，以後再說。

當下，由孟仲子做主，指派公孫丑等幾個人分別沿孟子回來可能走的道路去阻擋報信。

孟子為難了——不能回？今晚總得找個住處吧！

　　突然，他想起了一個人 —— 景丑！此人崇拜孔子，鑽研
《詩》、《書》。孟子曾跟他交流過學問，兩人一拍即合，互引
以為同道。得！就去他家！

　　進了景丑家，說明來意，景丑笑了：

　　「沒問題！老友避『難』光臨寒舍，歡迎之至！」

　　安排好孟子的住宿，進完晚餐，景丑說話了：

　　「不怕你怪罪，說到避『難』，這回你真錯了！你我都知道
人際交往，父與子，君與臣，兩種關係甚為重要。在家，父子相
處要慈愛；在朝廷，君臣之間講恭敬。齊王對你可稱恭敬之至，
你對他卻未見恭敬！」

　　「咦！此話從何說起！」孟子馬上接話：「在齊國對齊王的
恭敬誰能與我相比！齊國官員沒有一個向君王進言仁義之道的。
難道他們內心不贊同此道嗎？不，他們心裏想的是『這個人不值
得我跟他談「仁義」』 —— 他們對齊王才是極其不敬。我雖見齊
王不多，但非堯、舜之事不講，非仁義之道不談；我敢說我是最
敬重他的！」

　　「不，不！你誤會了！我所說並非此意。《禮經》上說：
『父要兒子去，兒子馬上去；君召喚臣，臣不待車馬備好立即動
身。』你反其道而行 —— 本準備進宮，君王召喚你，你反倒躲避
不去了，這不合禮制吧！」

　　「原來如此！」孟子正色道：「你記得曾子的話嗎？他說：
『晉、楚國君財富之多，我輩無法相比。他們憑財富和爵位居人

之上，我以仁義道德受人尊敬，我有何遺憾！』說得多好呀！世上至尊者當數爵高、財多、品德好。只因自己爵位高於人而怠慢長者和賢德之士，誰能容忍！凡有大作為之君必不召喚自己的賢臣。他們尊重賢者，樂施仁政。商湯先拜伊尹為師，然後才以之為臣；桓公向管仲學習，並以之為臣；湯與桓公都成就了各自的事業。現在的大國諸侯，國土面積、施政為人都不相上下，並無一人取得突出成就和地位，就只因為他們只想下屬供自己使喚，卻不願向下屬學習。人要有骨氣！連管仲都不願被國君召喚，何況我這樣不屑於學管仲的人呢！」

景丑明白了，原來齊王派人召孟子進宮，深深地傷害了他。齊王呀！你的治國理念與孟子相反；你跟孟子接觸不算多，不同意他的想法也罷，又採取如此無禮之舉，誰受得了！

至於管仲，也包括晏子，孟子認為他們所走的施政之路與自己並不完全相同，所成就的事業也未達到可能的高度。這樣的評價孟子對他的學生們從來沒有隱瞞過。

$*$　　　　$*$　　　　$*$

君臣應如何相處，不只對老友景丑，孟子對他的學生，也深入地闡述過。而且他還將這種關係擴展到國君與一般士人層面。

孟子告訴萬章：

「君主如果知道士人見多識廣，就應以他為師；如果看重士人品德高尚，就應該敬重他；如果相中他德才兼備，就應委他以

重任。魯繆公常常去看子思，向他詢問古代國王與士人交友的事例，透露了與子思為友的意願。子思怎麼回應？」

「子思說：『是以士人為師吧，怎麼會是為友呢？』——言下之意，以地位論，你我是君臣；以品德論，你應敬重我；我們不可能是平等的朋友關係。魯繆公多次派人送酒肉給子思，子思很不高興，最後終於把來人趕出門外，自己向北跪拜說：『我終於知道大王的意思了！大王不能把我當犬馬養呀！』這裏面缺的就是敬重，魯繆公傷害了子思的自尊心。如果真的重視子思，為什麼不給他重要的職位呢？人們都傳頌堯重用舜的佳話。堯讓自己的九個兒子向舜學習，把兩個女兒嫁給他，給他配備了倉庫、牛羊和相關的人員，讓他安心耕種。最後還要舜代自己料理國家大事。」

「君主對士人以禮相待，是為了天下人的幸福。士人對君主也應該採取相應的態度。伊尹就值得我們學習。伊尹耕作於有莘國（今河南陳留縣東北）的郊野，以信仰踐行堯舜之道為樂。湯王聽說他德才兼備，派人帶上禮物請他到都邑來，被他斷然拒絕。湯王沒有灰心，一次、再次派人聘請他幫助自己料理國事。伊尹感受到了湯王的誠意，說：『上天生人，就是要使先知先覺者教化後知後覺者。我既先知先覺並享受堯舜之道，為什麼不啟迪更多的人以踐行堯舜之道為樂呢？』伊尹果然沒有辜負湯王，他協助湯王討伐夏桀，推翻了桀的暴虐統治。」

「君主與士人都應該目標一致——為天下人創建治平之世。

士人敬重君主；君主維護士人的尊嚴。」

孟子告訴學生們：

「其實每個人都有尊嚴。因為每個人內心深處都有為善的潛質，擴充它便可以形成仁義忠信的高尚品德。這種潛質正是人之為人的價值所在，是人與獸的根本區別。摒棄它，人就成了禽獸。珍惜它、維護它，便能獲得他人的尊重，也守住了自己作為人的尊嚴。說它是上天所賜的『爵位』也不為過，其份量之重為公卿大夫等社會爵位所遠遠不及。守住天賜的『爵位』，自然不難得到社會爵位；否則，即便成了公卿大夫，也難保得住——獸行不斷的公卿大夫連命都保不住啊！」

「有個齊國人，娶了妻妾安了家。他每天早出晚歸，喝得酒氣衝天，滿面紅光。妻子問：

『去哪裏了？幹什麼去了？』

小妾端過來洗臉的熱水，遞上熱乎乎的醒酒湯。

他醉薰薰地說：

『還不是李……李大人請……請我上酒樓喝酒。那海味一、一碗又……又一碗，李大人還說那酒樓檔次不高，趕明兒另、另換個地兒請、請我喝……剛出酒樓門，又撞上王大人，約我去，去他家品嚐他珍藏多年的美……美酒，我說不，不行，我得回家……』

妻子說：

『你平日沒做過什麼正經事，哪來那麼多貴人朋友！』

『你，你不信！明兒我……我把他們請到家……家裏來……』

『信！信！我一直相信相公是能人！』妾忙著解釋。

妻撇了撇嘴。

接下來，這樣的情景每天都出現，丈夫的言行每天照舊；但從沒見到他的達官貴人朋友到家裏來。

妻懷疑了，丈夫說的是真實情況嗎？妾原來的想法也開始動搖。二人商量，決定跟蹤丈夫，弄個明白。

出乎意外，丈夫走過大街小巷，竟沒有任何人理睬他。最後，丈夫七拐八彎，來到墓地，見很多人在祭墳。不少墳前擺著酒菜，祭墳者磕頭，燒紙錢，祈禱。丈夫閃在一旁窺探。等祭拜者一走，他就上前猛吃猛喝；這家吃完，又去那家，吃喝得東倒西歪。

妻子崩潰了。回到家，與妾抱頭痛哭：

『嫁給這樣的人，這輩子怎麼過！』

妾只是抽泣，說不出話來。

就在這時，丈夫回來了，依舊酒氣衝天，紅光滿面，醉醺醺地說：『今天，李……李大人請……』」

學生們哄地笑開了。

「妻子會跟他鬧嗎？」一個學生說。

「不分手才怪呢！」另一個學生說。

「……」

等大家平靜下來，孟子說：「這個人為了表示自己很有能耐，很有面子，做出如此卑鄙下流的事情欺騙家人，他還有什麼面子可言！他違背良心，尊嚴喪盡。其實世上還有比他更卑鄙的人──他們為爭名利，好話說盡壞事做絕，根本不講什麼做人的尊嚴！」

孟子對弟子陳代說：

「你要我委屈自己求諸侯們給個官位好成就事業。我告訴你：我不會像有些人那樣欲達目的不擇手段──既使選擇了正確的目的，也必須採用光明的手段。連自己都不惜玷污的人，他能端正好別人嗎？」

孟子對大家說：

「歷史上有過這樣一回事。晉國的執政大臣趙鞅命令王良替他寵幸的小臣駕車打獵。跑了一整天，沒打著一隻鳥。小臣報告趙鞅說：『王良駕車技術太差，世上沒有比他更差的了。』趙鞅責備王良。王良說：『請讓我再載他去打一次獵！』趙鞅告訴小臣，小臣不肯。王良再三要求，趙鞅也發了硬話，小臣才答應。這一回，只跑了一個早晨就打了十隻鳥。小臣高興地報告趙鞅：『王良駕車的技術真高明，這個世上誰也比不了他。』趙鞅也很高興地說：『今後就讓他專門替你駕車好了！』小臣滿心歡喜。可是王良拒絕了趙鞅的命令，他對趙鞅說：『我不習慣替小人駕車！』大家想想，王良憎惡技術低劣、背後打小報告的人，他有自己的尊嚴。是不是這樣？」

　　孟子嚴肅地說：「王良是對的！他拒絕與阿諛諂媚者合作；為了自己的價值與尊嚴，他可以對自己的上級官員說不。記住曾子的話，大人先生的財富權勢，我們不稀罕！他們的那些醜事，我們堅決不做！藐視他們！在大人先生們面前，昂起你高貴的頭！一個人個頭不高，沒關係！只要站直，他就不會比別人矮。」

說明

　　本文根據《孟子》之〈公孫丑上、下〉、〈離婁下〉、〈萬章上、下〉、〈告子上〉、〈盡心下〉之相關內容編寫。

思考，走近作品

16　孟子與公孫丑等眾學生的談話

時間：西元前309年某月某日

地點：孟子在家鄉的學館

主持人：孟子

參加者：公孫丑、咸丘蒙等學生多人

會議主題：讀書問題

孟　子：今天交流一下讀書心得，讀書中的問題也可以提出來討
　　　　論，暢所欲言吧。

咸丘蒙：弟子有問題請教老師。古語云：「道德最高尚的人，君
　　　　主不能以他為臣，父親不能以他為子。」這既是對道德
　　　　高尚者的尊重，也說明道德高尚者十分遵守君臣、父子
　　　　的倫常準則。舜是道德高尚的人，大家都有這樣的共
　　　　識。可是為什麼他登上天子位後，堯和瞽瞍都去朝拜
　　　　他。舜見瞽瞍行大禮，也侷促不安，可他還是接受了。
　　　　孔子對此說道：「這樣顛倒人倫關係，天下大亂，危險
　　　　得很呀！」這是真的嗎？

孟　子：不對！事實是這樣的：堯老年時，只是讓舜代理治國大

政。堯逝世後，舜率領百官服喪三年。在這之前，舜始
終沒有登上天子大位；如依你所說那樣，堯在世時，便
與瞽叟「都去朝拜」過作為天子的舜，那豈不是在同一
時段裏，天下有兩個天子嗎？

咸丘蒙：舜沒有以堯為臣，而是始終對堯盡為臣之道，弟子明
白了。但是瞽叟呢，舜是不是也沒有以瞽叟為臣呢？
《詩》裏明明寫過：

普天之下哪塊地，

不是我王的領土？

普天之下哪個人，

不是我王的臣僕？

舜已經做了天子，而瞽叟卻不是他的臣子，這是為什
麼呢？

孟　子：你所引用的詩句並不能作為根據來改變瞽叟和舜事實上
的父子關係。那幾句詩出自《詩經》之〈小雅〉的〈北
山〉第二節。讓我們重溫一下這首詩的開頭兩節：

我採枸杞上北山，

每天從早做到晚。

官家派差不公平，

我的爹娘誰來管？

普天之下哪塊地，

不是我王的領土？

普天之下哪個人，

不是我王的臣僕？

為啥美差歸別人？

為啥專讓我受苦？

這明明是抱怨官府派差事不公平自己沒有時間和精力供養父母嘛！原詩還有幾句把這層意思表達得很明確：

有的終日家裏坐，

有的奔走在路途；

有的飲酒尋歡樂，

有的累得皮包骨。

這分明是在訴說：這一切都是天子的事，應當大家共同分擔，為什麼讓我一個人受苦受累呢！這裏存在一個讀書方法問題。千萬不要因某些字、辭、句子而誤讀了作品原意，要根據自己的認知去揣摩作者在作品裏所表達的意思。防止斷章取義，甚至扭曲原意。這叫「不以文害辭，不以辭害志。以意逆志。」如果反其道而行，你就無法走進作品。例如《詩經》〈大雅〉的〈雲漢〉有兩句詩：

周地剩餘的老百姓，

快要全都死乾淨。

這是不是說周地老百姓一個都沒有活下來呢？當然

不是！這是一首求神祈雨的詩。這兩句詩前面還有如下
句子：

旱災來臨已不輕，
想要救災實難能。
雖然提心又吊膽，
如防霹靂和雷霆。

後面還有控訴旱災的詩句：

旱魔遍地似火燒，
山禿河乾草木焦，
白天不見一絲絲雲，
夜晚高空滿天天星，
老天呀，你好狠心！

再回到舜和瞽叟的問題上來。舜做了天子，以天下奉養
瞽叟，這是大孝，孝順到了極點。《書經》記載道：
「舜恭恭敬敬小心謹慎地去拜見瞽叟，瞽叟也相信了舜
的真誠，終於改變了態度。」

說到讀書，順便談談另一個問題——也是我歷年讀
書的心得：我曾告訴過萬章，認識和學習古人，只能通
過讀他們的作品來達到目的；而讀古人的書，必須「知
其人」「論其世」，瞭解他本人，研究他所處時代的
情況。

萬　章：弟子記得：頌其詩，讀其書，必須「知其人」「論

其世」。

公孫丑：老師教導這些讀書方法，令弟子茅塞頓開。弟子近日讀
　　　　《小弁（ㄆㄢˊ）》一詩，與高子發生爭論，高子硬說它
　　　　是小人之詩。

孟　子：為什麼？

公孫丑：高子說詩裏充滿怨氣。

孟　子：怨氣？對！有怨氣，但是必須弄明白是怎樣的怨氣、為
　　　　什麼有怨氣。詩裏明明有這樣的句子：

池水深深清又清，

小船飄到何處停？

我的眼淚流不完，

我的心事誰來聽！

哪個兒子不戀雙親，

哪個兒子不願把父母孝敬。

屍體橫在大路上，

有人同情把它埋。

父親對我真狠心，

這般殘忍太不該！

這是無奈中的哀怨。其中透露出兒子對父母的依戀之
情。依戀親人，是仁愛之心的表現。換了沒有多大關係
的人，比方說外國人拿弓箭射他，他會哀怨嗎？不會
的；只有親人如此對待，他才有可能極其哀怨。這位

高先生不考察作品實際內容妄下斷語，說什麼「小人之詩」太機械太片面了！

公孫丑：《凱風》為什麼沒有怨氣呢？

孟　子：《凱風》寫的是什麼？大家聽聽：

> 和風打南邊吹過來，
> 棗樹長成好當柴。
> 我娘人好又明理，
> 我們弟兄不成材。
>
> 飛來黃雀枝頭停，
> 歌聲宛轉真好聽。
> 我娘兒子有七個，
> 沒一個能安慰我娘親。

這裏面確實沒有怨氣。為什麼？母親「人好又明理」，即便有過錯，可以推斷，也是小錯，怎麼還會埋怨母親呢？不會的！只有像《小弁》裏的父親過錯太大，太狠心，作者才會怨憤。反過來說，如果父親狠心卻不怨憤，只能說明父子關係疏遠，感情冷淡；母親疼愛兒子，兒子反而埋怨母親，甚至越來越生氣——這只證明他根本不去感受更不理解母親的愛心嘛。這兩種情況，都可以稱之為不孝。

公孫丑：弟子還有一個疑問。《伐檀》裏說：「不要白吃飯呀！」君子怎麼可以不耕而食白吃飯呢？

孟　　子：如果君子被國君起用，能盡職盡責，使國富民安，民眾
　　　　　安居樂業，民風善化，豈不是大好事，怎麼會是白吃
　　　　　飯呢！

孟　　子：大家還有沒有其它問題？——好！最後我再說幾句。讀
　　　　　書要動腦。思考，才能走進作品，判別是非真偽，也可
　　　　　防止上當。例如《書經》的〈武成〉篇，我只採納其中
　　　　　少部份內容。裏面說武王伐紂，死傷慘重，戰場上士兵
　　　　　流的血把搗米用的木槌都漂起來了。這是不可能的！
　　　　　武王興仁義之師，仁德之人無敵於天下，他帶兵去討
　　　　　伐一個暴君，怎麼會有那麼大的傷亡呢！我說：盡信
　　　　　《書》，不如無《書》。獨立思考，不可迷信！

＊　　　　　＊　　　　　＊

作者按：

　　孟子所闡述的讀書方法是對文藝欣賞和批評的重要理論貢
獻：第一、全面理解作品。防止拘泥某些字辭、割裂作品，斷章
取意（「不以文害辭，不以辭害志」）。第二、深入準確理解作
品。不但要通讀文本，還要瞭解作者全部情況，包括他的生平和
他的寫作動機；瞭解作者所處背景——整個時代的情況及此時
此地的具體情況（「知其人」「論其世」）。第三、「以意逆
志」。這是一個重要的審美規律。欣賞批評的過程是讀者的「定

勢」（個性化的情感體驗和長時期的認知積累）與作品所表達的
作者的情感、理念二者衝撞融合的過程，隨著過程的進行，讀者
逐漸走進作品。思考在這裏起著作用。讀者的「定勢」會導致閱
讀永遠只是「走近」而不是百分之百「走進」作品。孟子以社
會分工理論解釋《伐檀》，淡化《不素餐兮》的激憤情緒就是
一例。

說明

　　本文根據《孟子》之〈萬章上、下〉、〈告子下〉、〈盡心下〉相
關內容編寫。

　　——又①本文《詩經》引詩譯文參考了程俊英先生《詩經譯注》有
關內容（上海古籍出版社，1985年〈1〉版）

　　②《詩經》之〈魏風·伐檀〉全詩寫一個正在服勞役在河畔砍樹製
作車輪等的人見有人不事勞作糧滿倉、獵物滿院，十分憤怒。請讀者閱
讀原作。

17　親情，愛的根基
孟子批評墨者夷之的談話

　　孟子弟子徐辟性情隨和，人緣好，朋友多。他隨老師來到魯國，老友夷之特地來看望他。徐辟並不因夷之崇信墨家學說持門戶之見而影響舊情，仍然熱情接待。

　　「令堂仙逝，小弟隨老師遊走各國，未能前來弔唁，請老兄原諒。」

　　徐辟對老朋友喪母沒能有所表示，深感不安。

　　「我自幼受家母養育之恩，老人家突然病故，我倍感淒涼，母親的愛撫，歷歷在目，無法忘卻。」

　　夷之說著說著，眼圈就紅了。

　　「老兄節哀，保重好身體，令堂在天之靈才能安心。」

　　「我羨慕你呀！父母健在，老師待你也如同父子。」夷之突然掉轉話題：「尊師既然已經來到敝國，我應該拜訪他老人家，這是應盡之禮。」

　　徐辟無法拒絕老友出自人之常情的請求；他不知道夷之的要求能不能實現，因為老師實在太忙，慕名求見的人的確太多。

　　徐辟還是報告了夷之的想法。

　　孟子猶豫起來。平日，他很願意與不同見解的人交往，他可

以借此了解更多的社會情況，擴展思考範圍和認知領域，以便博採眾長。但這次不一樣。聽說夷之為母親去世，大大地操辦了一場喪事，完全違反了墨家「薄葬」的主張。夷之背離師道，人品有問題，自己能見這樣的人嗎？但一轉念，人家以禮求見，自己強辭拒絕，並不合禮儀，何況對方還是愛徒的老朋友。

孟子沉吟了一會兒對徐辟說：

「我很願意見他，但風寒未除，等我病好了，我去見他好嗎？」

孟子旅途勞頓，確實身體狀況不佳。

第二天，夷之又來找徐辟：

「尊師有病在身，我更應該去拜見他；況且這也是一次難得的求教機會。」

徐辟不懷疑夷之的真誠，他再一次轉達了朋友的請求。

孟子覺得無法拒絕了。他說：

「我可以見他。不過，我向來主張學術之爭應該坦誠。直言不諱，才能求得真理。你不妨將我的直率之言轉告你的朋友。我知道他是墨翟的信徒。墨翟主張『薄葬』，你的朋友也一直標榜以這一理念改變世風，為什麼他為自己的母親舉喪卻行厚葬之實呢？難道為了自己的親人就可以背離師道嗎？」

徐辟不知道怎樣向夷之啟齒——他十分理解老友對母親的真情。但他還是轉述了孟子的意見。

夷之臉紅了。他感到委屈。自己背離師道？——沒有呀！他

相信應該「薄葬」，人死了為什麼還要浪費社會資源？這一次他雖然做得不好，但完全出自對母親發自內心的愛。老師除了「薄葬」，不是還極力主張「兼愛」嗎？

夷之終於想出了辯解的「理由」：

「儒家說：古代君王愛護子民如同愛護嬰兒一樣──這君愛民的主張跟墨家『兼愛』的理念是一致的。我理解，人與人都應向對方獻出愛心，但實行起來可以先從自己的親人開始。這就叫愛無差等，施由親始。」

徐辟也是愛動腦筋的人。他覺得這番話聽起來怎麼那樣不舒服──古聖王愛民「若保赤子」與「兼愛」難道是一回事嗎？

他將夷之的辯解和自己的疑問報告給孟子。

孟子說：

「你以為夷之真的相信一個人愛別人的孩子如同愛自己的孩子一樣嗎？他不過以此為借口替自己辯護罷了。比方說，孩子在地上爬，眼看要掉到井裏去了，人們看見去救他，這種心情與自己的孩子面臨同樣險境時的感情是不一樣的。父母生育子女，給了子女生命，兩代人之間的親情是自然而然從內心深處流出來的。親情是愛的根基，由此延伸、擴展為其它的愛。人的愛只有這一個根基，沒有第二個。」

孟子的分析十分深刻。親情是愛的根基，這一判斷正是儒家「孝悌」為「仁之本」的事實根據和理論基礎。孔子重視親情，所以講「入孝」「出悌」然後才是「泛愛眾」──還說父母在

生的奉養，過世時的葬儀，死後的祭奠，都要嚴格遵守禮制的
規定。

徐辟聆聽孟子的分析時，也想起了老師在魏國向魏惠王介紹
「仁政」時特別強調要教育民眾孝敬父母友愛兄長。老師平時也
講過父母健在、兄弟和睦是人生三大樂事之一；能給父母養老送
終是人一生中的大事。他還想起師兄萬章說過老師多次讚頌舜是
大孝子。舜的父親瞽叟偏愛小兒子象，達到失去理性的地步。為
了讓象獨吞家產，瞽叟叫舜去修穀倉然後抽掉上倉頂的梯子還放
火燒穀倉；又叫舜去淘井，等舜下了井便倒土填井。總之千方百
計要害死舜。舜雖然覺得委屈，也免不了怨恨，但也只是在田
野中向上天哭訴發洩，並流露對父母的依戀之情，真是太難得
了。——老師這樣強調「孝」道，就是告訴人們親情的根本意
義：親人之間的愛是其它愛的原點。把它說成是「兼愛」，豈不
太荒唐了嗎？

徐辟剛想向老師報告自己的想法，只聽孟子繼續說開了：

「古時候，各種條件不具備，也許真有人『薄葬』父母的遺
體——不，也許連『薄葬』都不會呢。父母去世，把遺體往山溝
一扔。過些日子再經過那山溝時，看見狐狸在撕咬，蒼蠅蚊子在
叮爬，他一陣陣心痛，滿頭大汗，悔恨不已，連忙回家取來工具
把遺體埋葬了。這樣的事例正好說明親情之愛的意義，有生命，
就有了親情。今天的孝子仁人厚葬父母不是很自然的事情嗎？」

徐辟把孟子的話原原本本轉達給夷之。

夷之思索良久，感慨萬分，說：「我明白了！」

夷之明白了什麼？明白自己誤入學術歧途背離了人生常識，還是自己的錯誤辯解是強詞奪理實在太蒼白乏力呢？

說明

本文根據《孟子》之〈滕文公上〉、〈梁惠王上〉、〈離婁上、下〉、〈萬章上〉、〈盡心上〉、以及《論語》之〈學而〉、〈為政〉、〈陽貨〉中相關內容編寫。

誰是眞正的大丈夫？

18 ——孟子駁縱橫之士景春的談話。 一堂精彩的人生哲理課

孟子正與學生談學論道，忽然一個人闖了進來，誰也阻攔不住。

「老師，這位先生一定要見您，我們攔不住！」一個學生無奈地說。

「沒關係——這不是大名鼎鼎的景春先生嗎？幸會幸會。」孟子打斷學生，請來人坐下。

這景春是何等樣人

他乃是主張連橫遊走於各國的辯士。自恃才高，傲氣十足。聽說孟子遊說諸侯，行仁義之道，簡直是搶自己的飯碗，早就想來與孟子論說長短。這次，他是有備而來。

看到來人倨傲不恭的架勢，孟子多少也猜到了他的心思。心想：正好，我要看看你們這些縱橫之士能說出多少道理。

兩人先就當前形勢交開了鋒。

景春認為：形勢大好！諸侯們較量不停，各出奇招；辯士們遊走各國，大顯神通。正所謂滄海橫流方顯出英雄本色。

孟子當然不同意！

他評論過去，說過「春秋無義戰」，對現在的形勢他也是這樣認識。諸侯們爭戰不休，「爭地以戰，殺人盈野；爭城以戰，殺人盈城」；將他們處以死刑都不算過份。那些宣揚合縱連橫鼓噪於諸侯間添柴澆油將戰火撥弄得更旺的人也應該狠狠懲處。他們都是草菅人命，都在吃人肉，喝人血。

孟子內心的憤怒與傷痛被撕裂開了。他越說越激動。

景春卻坐不住了。他站起來歇斯底里地叫嚷：

「公孫衍、張儀難道不是真正的大丈夫嗎？他們威力多大！一跺腳，一變臉，諸侯們都害怕；他們安靜下來，天下就平安無事了！」

他為自己的同行辯護，潛臺詞也是要彰顯自身的能耐。

其實這純粹是歪曲事實，顛倒黑白。

孟子聽了，反倒平靜了下來 —— 你不就是這麼一點點歪理嗎？好！讓我開導開導你：

「先生不是說大丈夫嗎？這得先說明白大丈夫的標準。」孟子不慌不忙地說開了：「您難道沒有學過禮儀嗎？學過禮的人都知道：男子行冠禮，父親給以訓導；女子出嫁，母親叮囑再三，女人的行為講的是「順」，要順從：孝敬公婆，相夫教子。大丈夫不是普通的男子，不是男子中的庸碌之輩。他要懂得『仁』、『義』、『禮』，做到『仁』、『義』、『禮』。」

孟子停頓了一下，示意對方喝茶，自己也端起茶碗抿了一

口，毫不理會對方的不屑，接著說：

「什麼是『仁』？『仁』就是『人』（註），每個人都是活生生的個體，任何人與他人相處，都應平等相待、互相尊重，互相關愛。這種愛心，源於人的本性，從自己的親人開始，自然而然流出，推及天下人。所以仁者胸懷博大，就像一所上天賜予的大宅子，能容納天下民眾，宇宙萬類。『義』是什麼？『義』是做人的原則。堅守原則的人知道什麼事該做，什麼事不該做；什麼該要，什麼不該要；他寧可捨生而取義，也不會為巨大的財富而犧牲原則。——原則是他與生俱來最珍貴的東西，誰也無法奪

註：孟子從多個層面深化拓展了孔子關於「仁」的解說。孔子答樊遲問仁曰「愛人」（《論語‧顏淵》）。孟子說：「仁也者，人也。合而言之，道也」（《孟子‧盡心下》〈以下只注篇名〉）。「仁」就是「人」。每一個人都是活生生的個體，人與人相處之道，就是平等相待，相互尊重和關愛。這種愛心，源於人天生的本性，所以「仁」就是「惻隱之心」（〈告子上〉），孟子「心」「性」之論由此建立。孟子的「仁論」拓展而為人倫之道（〈盡心上〉：「親親，仁也」）、施政之道（〈梁惠王上〉：「發政施仁」）。許慎的文字學解說（《說文解字》：「仁，親也，從人二」）遠不及孟子深刻（它只及於人際關係），朱熹的「仁，理也；人，物也。合於人之身而言之，乃所謂道者也」（《孟子集注》）之理學闡釋流於理論抽象，不及孟子的扎根於生活。如果說孟子的「仁論」是源於西周以來的重人思想而又有所區別的最早的中國的「人本主義」，那麼它比歐洲的人本主義就早了一千多年。為此，作者不主張將我國先哲的重人思想貼上西方「人本主義」的標籤。

走；富與貴乃外力所賜，隨時可以隨風飄逝；因此他喜善憎惡，常存羞惡之心，警惕之心，告誡自己在非份之物面前不要伸手。『禮』是什麼？『禮』是秩序。守禮的人知道維護好秩序是公眾之大利，每個人應當站穩自己的位置，站好自己的位置。大丈夫的正位就是做好自己，放眼天下造福天下——修身而天下平，因為天下之本在國，國之本在家，家之本在身。「懂得並做到了『仁』、『義』、『禮』，他會殫精竭力，布惠於民，造福天下，處境困厄時，他也能潔身自好，盡己所能向周圍的人釋放正面的能量——窮則獨善其身，達則兼善天下。他立於不敗之地永不放棄的格言是富貴不能淫，貧賤不能移，威武不能屈。這就叫大丈夫！這才是真正的大丈夫！」

孟子一口氣說了這許多，他停下來，望一眼對方——對方似笑非笑，臉色極不自然。孟子的話，句句在理，無懈可擊，景春為之語塞。

孟子則窮追不捨：

「請問，公孫衍、張儀做到了這些嗎？他們願意這樣做嗎？」

景春沒有回答，他也無法回答；他知道公孫衍、張儀根本不是如此行事的人。那麼——

公孫衍是如何行事的呢？

各位讀者，提起公孫衍，說來話長。

此人本是魏國人，卻去了秦國，接受了秦國的最高官職「大

良造」，掌軍政大權。接下來他又幫助秦國佔領了魏國的雕陰地區（今陝西富縣北一帶）。第二年公孫衍奉行秦惠王的意旨，欺騙齊、魏聯軍攻打趙國，以瓦解蘇秦費盡氣力建立起來的合縱聯盟。

不久，他又回到魏國。這時，張儀已經來到魏國，說服魏王事秦，還擔任了魏相。公孫衍為了鏟除他在魏國謀取政治利益的勁敵，要陰謀排擠張儀，導致張儀免去宰相之職，自己取而代之。其後，地位不斷攀升，最高峰期間掛五國相印，任合縱盟約之長。

如此縱、橫不定，為求一已之私利連自己國家的利益都可以不管不顧的政治騙子，夠得上大丈夫資格嗎？

張儀又是什麼人？

張儀更不是好東西！

同公孫衍一樣，他也是魏國人。

他得到蘇秦的幫助，進入秦國，幫助秦軍奪取了魏國土地後，又勸說秦惠王將土地歸還給魏國；回過頭來勸諫魏王獻厚禮與秦國「交朋友」。最終，秦國所得魏國土地，面積遠遠超過原先攻佔所得。張儀也因出賣自己的國家當上了秦國的丞相。更為人所不齒的是，他居然還接受委派，回魏國當「臥底」，從魏王那裏騙到了魏相的職位。

至於張儀遊說楚懷王事秦，一次、再次欺騙楚懷王，導致識

破張儀陰謀堅持聯齊抗秦的忠臣屈原被逐冤死，平庸無能忠奸不辨的楚懷王自身也客死他鄉，這樣令人氣憤的歷史事件，人們早已熟知了。

說到張儀與蘇秦的關係，我們不妨看看這位翻手為雲覆手為雨的「名人」的私德。

張儀與蘇秦同出鬼谷子門下，一塊兒學習縱橫之術。張儀學成後遊說到楚國，從楚相飲酒，恰逢相府裏丟失了璧玉，張儀被冤指為竊賊，再三申辯無用，還遭綑綁鞭苔，放回家後又被妻子嘲笑。在他人生低谷時期，學友蘇秦幫助了他。

當時蘇秦合縱成功，依仗趙國的資助，他成為趙、韓、魏、楚、燕、齊六國之相。六國聯合，為的是抗秦。蘇秦惟恐秦國破壞縱約，說服趙王以金幣車馬幫助張儀進入秦國為客卿，為的是利用張儀給自己以及六國合縱構築一道「防火牆」。張儀感激不盡，表態說：

「我比蘇君差多了！謝謝蘇君！有蘇君在，我決不負他！我剛進入政壇，怎敢打趙國的主意！」

紅口白牙，餘音猶存。張儀再度入楚，得知蘇秦剛被刺死，馬上詆毀故人。他對楚懷王說：

「蘇秦以合縱之策騙得趙肅侯封他為武安君，當上了六國縱約之長。按說，他應該維護六國的團結，謀他們共同的利益。但他跑到燕國與燕王密謀奪取齊國的土地。又假說得罪了燕王，『逃』到齊國，騙取齊王的信任，甚至竊取了相位。兩年後，他

『臥底』的身份暴露，遭車裂而死。像他這樣的大騙子，專靠行騙混跡於諸侯間，還說經營什麼合縱治理天下的大業，那騙得了誰呢？」

其實張儀真正的目的還不在給恩人臉上抹黑。醉翁之意不在酒，動搖楚懷王對合縱的信心，把楚國拉到秦國身邊來，這才是他最終的意圖。

懷著同樣的鬼胎，張儀又跑到趙國去，斥蘇秦「熒惑諸侯，以是為非，以非為是」。趙國是蘇秦提倡合縱的堅強後盾。蘇秦在趙國已有的聲譽一旦破滅，合縱被張儀的連橫取而代之就指日可待了。

好一個狠毒狡詐的小人！

蘇秦當初為什麼要幫張義這樣一個小人？

其實蘇秦當初打的也是個人的小算盤。在他的心裏，合縱也好，連橫也好，不過都是謀取私利的工具。

最初出道，他遊說秦惠王連橫，逐一滅掉各諸侯國以統一天下，不被信任，遭家人唾棄，鄰里嘲笑，乃閉門讀書，另覓進取途徑，改以合縱遊走六國，主張六國聯合抗秦。

張儀宣稱蘇秦在燕、齊兩國的「罪行」是不是事實呢？司馬遷的說法不同。

《史記》記載的是：秦惠王讓公孫衍使陰謀騙取齊、魏聯手攻打趙國，縱約的冰山開始崩裂。

趙王責備蘇秦：

「我花了那麼大本錢讓你聯合五國抗秦；現在倒好，自家人打自家人，打到我的頭上來了。你怎麼辦？」

蘇秦害怕了，請求到燕國去想辦法讓齊國退兵。當時齊國實力強大，齊若退兵，趙國的危機也就消除了。然而沒想到的是，身為掛六國相印兼縱約長的蘇秦離開了最早發起合縱的趙國，「合縱」云云，也就名存實亡了。

更沒想到的是，齊、魏攻趙的事剛完，野心勃勃的齊國又打起了燕國的主意。

蘇秦剛到燕國，齊國趁燕國國喪奪佔了燕國十五座城邑。新登位的燕易王（也是秦王的女婿）很不客氣地指責蘇秦：

「當年，趙肅侯的弟弟趙相奉陽君不信任你，是先王以車馬金幣資助了你。你再到趙國去，奉陽君去世，趙肅侯才支持你成就了合縱大業。你最困難的時候得到的是我燕國的幫助，你不會忘記吧！現在你把合縱弄成這樣，我這個合縱發起者之一的國家連國土都丟失了，受到天下人嘲笑，這是莫大的恥辱！你說，我失去的國土怎麼辦？」

蘇秦非常慚愧，當即保證到齊國去要回失地。

蘇秦也是能言善辯的人。他對齊王的說辭，貫穿著一個核心——秦、燕兩國的聯姻關係：燕易王是秦王的乘龍快婿，你傷害了女婿，老丈人能不出手？你若幫了人家的女婿，老丈人難道會虧待你？奪佔燕國的土地還是歸還被你佔領的燕國的土地，哪

種做法對你齊國有利，這不是明擺著的事嗎？

　　權衡利弊，齊王終於歸還給燕國奪佔的土地。蘇秦因此受到燕易王格外恩寵。

　　有人嫉妒蘇秦，在燕易王面前說蘇秦的壞話。蘇秦自己也有把柄被人抓住，原來他與易王的母親文侯夫人關係曖昧。這本不是光彩的事情，但貴族集團內部男女間的齷齪勾當是家常便飯，燕易王也不把這當回事，但蘇秦自己心裏有鬼，怕待下去沒有好日子過，主動提出到齊國去。易王回答得倒是乾脆：

　　「尊重先生的選擇！」

　　蘇秦「人在曹營心在漢」；人在齊，心在燕。作為齊國的客卿，他屢屢勸說齊王修建宮室，擴大園囿，盡情歌舞遊獵，以削弱齊國的實力。但這樣的壞主意往往正中貪圖享樂的國君的下懷，因此蘇秦所得寵幸始終不減。

　　不幸的是，忌恨蘇秦的人太多；最後，蘇秦被刺重傷。

　　臨終前，蘇秦對齊王說：

　　「臣下時日無多，兇手是誰至今不明。臣死後，懇請大王宣佈微臣圖謀作亂，並處車裂之刑；則兇手自會浮出水面。」

　　齊王採納了蘇秦的意見，兇手終於被誅殺。

　　事實真相就是如此，與張儀所說完全不一樣。

　　合縱，連橫。各國諸侯的權利之爭與個人的利益得失攪到一起，真真假假，被忽悠的是老百姓。政客們以是為非、以非為是，玩弄民眾於股掌之上。張儀也好，蘇秦也好，公孫衍也

好，都不是大丈夫，甚至夠不上老百姓平常口中常說的好人、誠實人。

司馬遷的說法不全如此，但值得推敲。他稱「蘇秦被反間以死，天下共笑之」，但「其智有過人者」；「張儀之行事甚於蘇秦……儀振暴其短以扶其說，成其衡道」。所以，張儀是踩著蘇秦的腦袋登上「成功」之峰的。但張儀之所為是不是如有些人所說有助天下統一呢，只怕還要慎重地考量之後再作定論為妥。

倒是孟子鄙棄張、蘇、公孫等輩為私利而撥弄口舌、翻雲覆雨的歪門邪道，極力主張踐行「仁」、「義」、「禮」，公利至上，珍惜人的生命，堅持人的尊嚴，提出了做人應有的價值觀。

景春無言地離開了孟子的學館。

在這場論辯過程中，學生們聽到了孟子大氣恢宏、鏗鏘有力的辯辭。孟子給學生上了一堂精彩的人生哲理課。

說明

本文根據《孟子》之〈公孫丑上〉、〈滕文公下〉、〈離婁上〉、〈告子上〉、〈盡心上、下〉，以及《史記》之〈蘇秦列傳〉、〈張儀列傳〉、《戰國策》之〈秦策一、二〉、〈齊策一、二〉、〈趙策一、二〉、〈魏策一〉、〈韓策一〉、〈燕策一〉、〈楚策一、二、三〉，《漢書》之〈藝文志〉等相關內容編寫。

19 孟子最後的聲音

　　晚年的孟子在家鄉執教二十年，直到八十多歲的高齡離開人世。

　　他給人們留下了自己的著作《孟子》。

　　他離開自己心愛的學生時還說過些什麼？他最後的聲音是什麼？《史記》〈孟子荀卿列傳〉關於孟子生平的一百三十七個字並沒有提到。但《孟子》七篇最後一篇的結尾卻很值得注意。（註1）

　　這段話的大意是：

　　從堯、舜至商湯經歷了五百多年，禹和皋陶親見了堯、舜的業蹟，湯只是聽說；

　　商湯至文王也經歷了五百多年，伊尹和萊朱親見了湯的業蹟，文王只是聽說；

　　周文王至孔子也經歷了五百多年，太公望和散宜生親見了文王的業蹟，孔子只是聽說；

　　從孔子到今天，還只有一百多年，時間不算太久，我的家鄉離孔子的家鄉也不算太遠，然而我周圍居然沒有出現繼承聖人事

註1：見《孟子》〈盡心下〉。

業的人，多麼遺憾哪！

＊　　　　＊　　　　＊

也許這就是孟子最後的心聲？

如果是，它傳遞出怎樣的信息？

孟子根據他理解的治與亂交替運行的歷史規律，斷定諸侯們爭戰不休禍害人民已經太久，是該有聖人出來收拾局面，還人民以太平，讓受苦受難的老百姓喘一口氣安居樂業了。然而，沒有出現這樣的人。他願意挑起這副重擔。他努力了，但是他得不到這樣的機會。他打算說服某個當權者給他權力改變世界，他們不同意；當權者們與他沒有共同語言。

他帶著遺憾離開了人間。

他畢生致力於反對非正義戰爭，反對摧毀田園、屠戮生靈；他呼籲懲辦暴君和他們周圍推波助瀾的小人；他期望和平；

他呼籲重視人的生命，重視人生存的權利，聽取下層民眾的意見，讓他們過上幸福的生活；

他呼籲喚醒人們內心深處的愛，愛親人，維護家庭的和諧，愛他人，構建社會的安寧──讓愛伴隨歷史前行直到永恆，以實現人們最簡單最起碼的善良願望；

他呼籲人們珍惜自身內心美好的潛質，培養它，擴充它──那是人之為人的價值所在，尊嚴所在；控制物慾，不貪私利，以大義為重；即便過著簡單的生活，處於艱難的環境，也要挺直腰

幹走路，在大人先生們面前，昂起自己高貴的頭顱，讓高尚的靈魂放射光彩，他告訴人們，一個人即便個頭不高，但只要站得直，就不會比別人矮；

他看到人世間有不可知的神秘力量在影響人們的生活，甚至會改變人們行進的軌跡；他呼籲人們守住自己的心，提高自己的境界，自己掌握自己的命運。

也許，他還有話要說，還有很多話要說。他希望他的學生們能把他的話傳下去，一代又一代。

孔子離開人世後，沒有人繼承他的事業了嗎？

繼承孔子的事業，把他的思想向深處開掘，並推向新的高峰的，仍有人在。

這個人，就是孟子！

附錄

01　孟子主要活動及其生活年代之
　　大國爭戰主要事件表

02　戰國形勢圖

03　孟子遊說路線示意圖

04　《論語》《孟子》名言選錄

O1 孟子主要活動及其生活年代之大國爭戰主要事件表

一、孟子生卒年及主要活動

西元前372年（周烈王4年）孟子出生於鄒國之鄒興鄉（今鄒縣城北之鳧村，亦稱傅村、富村。古稱孟儒里、鄒儒里）。幼年從母教。長大後雖「未得為孔子徒」，卻「私淑諸人」（《孟子》〈離婁下〉〈以下祇注篇名〉），私下向多人學習，學有所成，名聲遠播。

西元前339年（周顯王30年）孟子講學收徒於鄒魯間。

西元前333年（周顯王36年）孟子出遊，至齊，說齊威王。

西元前326年（周顯王43年）孟子至宋。

西元前325年（周顯王44年）孟子返鄒之魯。

西元前321年（周顯王48年）孟子至滕。

西元前319年（周慎靚王2年）孟子至魏，見梁惠王。

西元前318年（周慎靚王3年）孟子再至齊，見齊宣王。

西元前309年（周赧王6年）孟子返鄒聚徒講學，「退而與萬章之徒，序詩書，述仲尼之意，作《孟子》七篇。」（《史記》〈孟子荀卿列傳〉）

西元前289年（周赧王26年）孟子卒。

二、孟子生活年代大國爭戰

西元前365年，魏惠王從安邑（今山西夏縣）遷都大梁（今河南
　　開封）。

西元前354-353年，魏國圍並陷趙國之邯鄲。

西元前344年，魏率十二諸侯會周天子，稱霸。

西元前343-341年，魏攻韓；齊擊魏救韓。齊將田忌、田嬰、軍師
　　孫濱，勝魏。魏將龐涓、太子申死。

西元前340年，秦商鞅敗魏，虜公子卬。

西元前333-329年，魏五敗於秦。

西元前318-308年，趙、韓、燕、楚，魏共擊秦，敗。其間秦敗
　　趙、韓、楚各二次；敗韓、趙斬首八萬二千；敗楚將屈匄，
　　斬首八萬。

西元前316-312年，燕內亂，齊伐燕，諸侯救燕。燕昭王立。

西元前301年，齊、秦、韓、魏擊楚，敗楚，殺唐蔑。

西元前296年，齊聯韓、趙、魏、宋攻秦。

西元前288年，齊湣王稱東帝，秦昭王稱西帝，為期均兩個月。

西元前284年，燕聯韓、趙、魏及秦、楚伐齊，下臨淄，佔齊
　　七十餘城。

西元前279年，齊將田單破燕，收回失地。

西元前278年，秦白起拔楚都郢。

西元前260年，趙軍困於長平，秦將白起坑殺趙兵四十萬。

說明

一、西元前403年（周威王23年）至西元前230-221年秦滅韓、趙、魏、楚、燕、齊，其間共一百八十二年，各國爭戰不斷，史稱戰國時代。本表僅舉其爭戰之事中之大者。

二、孟子生卒年及活動情況，古今各家說法不一。本表據《史記》之〈六國年表〉、孔令源《孟子年譜》（載濟寧市政協文史資料委員會及鄒縣政協文史資料委員會編《孟子家世》，中國文史出版社，1991年12月〈一〉版），並綜合諸家之說編寫。

02 戰國形勢圖

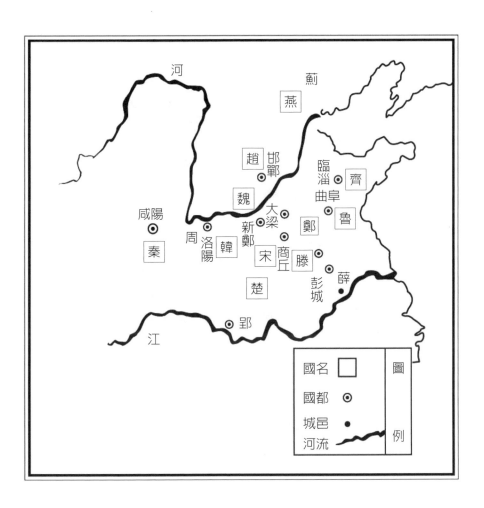

03 孟子遊說路線示意圖

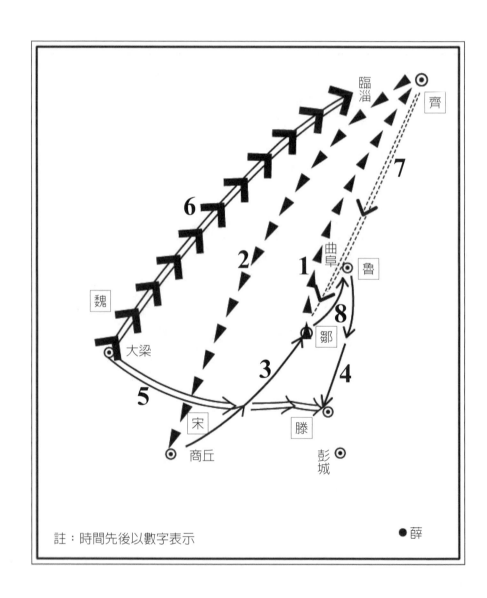

註：時間先後以數字表示

04　《論語》《孟子》名言選錄

子曰：「學而時習之，不亦說乎？有朋自遠方來，不亦樂乎？人不知而不慍，不亦君子乎？」（《論語‧學而》——以下只注篇名）

子曰：「不患人之不己知，患不知人也。」《學而》

子曰：「溫故而知新，可以為師矣。」《為政》

子曰：「學而不思則罔，思而不學則殆。」《為政》

子曰：「學而不厭，誨人不倦。」《述而》

子曰：「弟子，入則孝，出則悌，謹而信，泛愛眾，而親仁。行有餘力，則以學文。」《學而》

子曰：「吾十有五而志於學，三十而立，四十而不惑，五十而知天命，六十而耳順，七十而從心所欲，不踰矩。」《為政》

子曰：「見賢思齊焉，見不賢而內自省也。」《里仁》

子曰：「知者樂水，仁者樂山。知者動，仁者靜。知者樂，仁者壽。」《雍也》

子曰：「知者不惑，仁者不憂，勇者不懼。」《子罕》

子曰：「……夫仁者，己欲立而立人，己欲達而達人。能近取譬，可謂仁之方也己。」《雍也》

子曰：「……己所不欲，勿施於人。」《衛靈公》

子曰：「……不義而富且貴，於我如浮雲。」《述而》

子曰：「三人行，必有我師焉：擇其善者而從之，其不善者而改之。」《述而》

子曰：「君子坦蕩蕩，小人常戚戚。」《述而》

子曰：「君子和而不同，小人同而不和。」《子路》

孔子曰：「君子有三戒：少之時，血氣未定，戒之在色；及其壯也，血氣方剛，戒之在鬥；及其老也，血氣既衰，戒之在得。」《季氏》

孔子曰：「君子有九思：視思明，聽思聰，色思溫，貌思恭，言思忠，事思敬，疑思問，忿思難，見得思義。」《季氏》

子絕四——毋意，毋必，毋固，毋我。《子罕》

子在川上，曰：「逝者如斯夫！不舍晝夜。」《子罕》

子曰：「歲寒，然後知松柏之後彫也。」《子罕》

子曰：「三軍可奪帥也，匹夫不可奪志也。」《子罕》

子曰：「克己復禮為仁。一日克己復禮，天下歸仁焉。為仁由己，而由人乎哉？」……子曰：「非禮勿視，非禮勿聽，非禮勿言，非禮勿動。」《顏淵》

子曰：「修己以敬。」「修己以安人。」「修己以安百姓。修己以安百姓，堯舜其猶病諸？」《憲問》

子曰：「志士仁人，無求生以害仁，有殺身以成仁。」《衛靈公》

子曰：「躬自厚而薄責於人，則遠怨矣。」《衛靈公》

曾子曰：「士不可以不弘毅，任重而道遠。仁以為己任，不亦重乎？死而後已，不亦遠乎？」《泰伯》

曾子曰：「吾日三省吾身——為人謀而不忠乎？與朋友交而
　　　不信乎？傳不習乎？」《學而》

有子曰：「……孝弟也者，其為仁之本與！」《學而》

有子曰：「禮之用，和為貴。……有所不行，知和而和，不
　　　以禮節之，亦不可行也。」《學而》

＊　　　　＊　　　　＊

仁者無敵。（《孟子‧梁惠王上》——以下只注篇名）

老吾老以及人之老，幼吾幼以及人之幼。《梁惠王上》

樂以天下，憂以天下《梁惠王下》

天時不如地利，地利不如人和。……得道者多助，失道者寡
助。《公孫丑下》

富貴不能淫，貧賤不能移，威武不能屈，此之謂大丈夫。
《滕文公下》

天下之本在國，國之本在家，家之本在身。《離婁上》

夫人必自侮，然後人侮之；家必自毀，而後人毀之；國必自
伐，而後人伐之。《離婁上》

自暴者，不可與有言也；自棄者，不可與有為也。言非禮
義，謂之自暴也；吾身不能居仁由義，謂之自棄也。《離婁上》

人之患在好為人師。《離婁上》

大人者，不失其赤子之心者也。《離婁下》

博學而詳說之，將以反說約也。《離婁下》

——說詩者，不以文害辭，不以辭害志，以意逆志，是為得之。《萬章上》

頌其詩，讀其書，不知其人，可乎？是以論其世也。《萬章下》

盡信《書》，不如無《書》。吾於《武成》，取二三策而已矣。仁人無敵於天下，以至仁伐至不仁，而何其血之流杵也？《盡心下》

雖有天下易生之物也，一日暴之，十日寒之，未有能生者也。《告子上》

生亦我所欲也，義亦我所欲也，二者不可兼得，舍生而取義者也。《告子上》

……故天將降大任於是人也，必先苦其心志，勞其筋骨，餓其體膚，空乏其身，行拂亂其所為，所以動心忍性，曾益其所不能。人恆過，然後能改；困於心，衡於慮，而後作；徵於色，發於聲，而後喻。入則無法家拂士，出則無敵國外患者，國恆亡。然後知生於憂患而死於安樂也。《告子下》

萬物皆備於我矣。反身而誠，樂莫大焉。強恕而行，求仁莫近焉。《盡心上》

人不可以無恥，無恥之恥，無恥矣。《盡心上》

……士窮不失義，達不離道。窮不失義，故士得己焉；達不離道，故民不失望焉。古之人，得志，澤加於民；不得志，修身見於世。窮則獨善其身，達則兼善天下。《盡心上》

君子有三樂，而王天下不與焉。父母俱存，兄弟無故，一樂也；仰不愧於天，俯不怍於人，二樂也；得天下英才而教育之，三樂也。《盡心上》

居仁由義，大人之事備矣。《盡心上》

親親而仁民，仁民而愛物。《盡心上》

民為貴，社稷次之，君為輕。《盡心下》

仁也者，人也。合而言之，道也。《盡心下》

諸侯之寶三：土地、人民、政事。寶珠玉者，殃必及身。《盡心下》

說大人，則藐之，勿視其巍巍然。《盡心下》

養心莫善於寡欲。《盡心下》

後記

　　我以趙岐《孟子注》為依據，並參考朱熹、焦循等人注釋本以及《史記》、《戰國策》等典籍，按照孟子八十多年遊說諸侯，授徒著述的生活軌跡，編寫成十九個故事，力圖描繪一個真實的孟子。當然，也融入了一些個人的理解，供讀者參考。

　　二〇〇〇年秋，我曾赴山東鄒縣參訪孟府、孟廟。

　　那天，正值中秋佳節。我從孟府大堂轉入內宅，沒有見到一個遊客；只有兩個中年婦女——也許是工作人員——坐在房前曬太陽織毛線聊天。面對低矮的灰磚平房和空蕩蕩的院落，我忽然聯想起大堂所見：清雍正帝手書龍邊金字「七篇貽矩」堂匾，大堂正中公案上一應俱全的辦公用品以及兩側「肅靜」、「迴避」等執事，「世襲翰林院」「五經博士」貼金大字官銜牌——強烈的對比激起我心頭十分複雜的情緒：既有對封建統治者們出於政治目的扭曲孟子思想將它「工具」化的憤慨，也有觸景生情回憶起「以階級鬥爭為綱」時期抹黑孔、孟陷民眾於無知、敵視先哲半個多世紀的痛心和悲哀。

　　我走進孟府進入孟廟，一位四十多歲的男子走上來告訴我，他是這裏的導遊，今天他休息，但他惦記這裏的一切，特地從家裏來轉一轉，並且願意免費為我講解。聽說我好讀《孟子》，就特別指出，孟子思想包括許多方面，中心在「心」、「性」。孟子以「心」解釋「性」，而且「仁」、「義」並提：「仁」是人心、善心，「義」是成「仁」的路徑。顯然，這位導遊很不一般，他對孟學頗有心得，我對他不禁肅然起敬。在他的帶領下，我們穿行在巍峨的碑亭和參天的松柏間。秋風吹來，松濤陣陣，鳥鳴聲聲。我閉上雙眼，腦海裏浮現出一個似曾相識的身影——雖然模糊，但我依稀覺得他就是孟子。導遊方才那番話，則幻化成一個畫面：

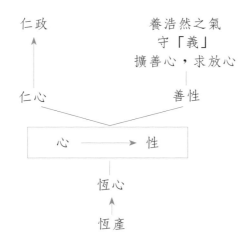

是的！這正是孟子的思想。

孟子一生，探討了政治、經濟、倫理等許多方面的問題。他反對非正義戰爭。呼籲保障民眾的生命安全，保證民眾生存的權利，尊重民眾的意願和選擇；他呼籲珍惜人之為人的價值與尊嚴，永葆平常心，善化自性與民風，構建家庭和美、人際關係和諧的社會。總之，他渴望和呼籲和平、安樂、善良、尊嚴。願天下和平，讓民眾安樂，人人都善良，個個有尊嚴。

這些思想，曾經似閃電劃過兩千多年前戰雲密佈的夜空，權力掌控者們製造的污垢也沒有掩蓋得了它的真實面目，至今仍然給人們以啟迪。

這些思想，凝聚在《孟子》一書中。司馬遷稱，孟子「與萬章之徒序《詩》《書》，述仲尼之意，作《孟子》七篇」（《史記》〈孟子荀卿列傳〉）。東漢末有「外書四篇」之說。「外書」後失傳；清乾隆間復出本，經考證係偽造。

我想把《孟子》七篇介紹給讀者。

我以趙岐《孟子注》為依據，並參考朱熹、焦循等人注釋本以及《史記》、《戰國策》等典籍，按照孟子八十多年遊說諸侯，授徒著述的生活軌跡，編寫成十九個故事，力圖描繪一個真實的孟子。當然，也融入了一些個人的理解，供讀者參考。本書附錄部分有《孟子主要活動及其生活年代之大國爭戰主要事件表》、《戰國形勢圖》、《孟子遊說路線示意圖》，幫助讀者了解孟子所思所想、所說所做的背景；《〈論語〉〈孟子〉名言選錄》所收孔、孟部分名言也許有助於讀者對照正文故事內容，並引起閱讀原著的興趣。

普及國學、將作為傳統文化載體的古籍經典介紹給眾多的年輕讀者，是我的義務。○八年，我寫作、修改《〈論語〉故事》時，正值家鄉湖南冰災，電線、水管凍壞，下水道堵塞，我和老伴依偎在火爐旁，依靠消防車送到社區來的自來水和家中無意間保存下來的大米、白菜度日，每天仍然堅持四個小時的工作，「一簞食，一瓢飲」，自得其樂。去年春，我開始寫《〈孟子〉故事》，已經來到了廈門。海風拂面，秋陽暖身，又是另一番感慨。眼前這浩淼無垠的大海並不是阻隔兄弟來往的天塹，而是聯繫兩岸骨肉的紐帶。我期待這本小書能提供一個機會讓兩岸兄弟姐妹共同沐浴先哲的思想光輝。

張德文

二〇一三秋再改畢

國家圖書館出版品預行編目資料

孟子故事/張德文著.－－臺北市：五南圖書
出版股份有限公司，2013.11
　面；　公分
ISBN 978-957-11-7356-6（平裝）
1.孟子　2.歷史故事
121.26　　　　　　　　　　102019587

悅讀中文 44

1X2U　孟子故事

作　　者 ― 張德文(219)

發 行 人 ― 楊榮川

總 經 理 ― 楊士清

總 編 輯 ― 楊秀麗

副總編輯 ― 蘇美嬌

責任編輯 ― 邱紫綾

出 版 者 ― 五南圖書出版股份有限公司

地　　址：106台北市大安區和平東路二段339號4樓

電　　話：(02)2705-5066　　傳　真：(02)2706-6100

網　　址：https://www.wunan.com.tw

電子郵件：wunan@wunan.com.tw

劃撥帳號：01068953

戶　　名：五南圖書出版股份有限公司

法律顧問　林勝安律師事務所　林勝安律師

出版日期　2013年11月初版一刷
　　　　　2022年 2 月初版二刷

定　　價　新臺幣200元

經典永恆·名著常在

五十週年的獻禮——經典名著文庫

五南，五十年了，半個世紀，人生旅程的一大半，走過來了。

思索著，邁向百年的未來歷程，能為知識界、文化學術界作些什麼？

在速食文化的生態下，有什麼值得讓人雋永品味的？

歷代經典·當今名著，經過時間的洗禮，千錘百鍊，流傳至今，光芒耀人；

不僅使我們能領悟前人的智慧，同時也增深加廣我們思考的深度與視野。

我們決心投入巨資，有計畫的系統梳選，成立「經典名著文庫」，

希望收入古今中外思想性的、充滿睿智與獨見的經典、名著。

這是一項理想性的、永續性的巨大出版工程。

不在意讀者的眾寡，只考慮它的學術價值，力求完整展現先哲思想的軌跡；

為知識界開啟一片智慧之窗，營造一座百花綻放的世界文明公園，

任君遨遊、取菁吸蜜、嘉惠學子！